“十三五”
福建特色农业科技发展报告

福建省农业科学院农业经济与科技信息研究所

翁志辉　张　梅　池敏青　编著

中国农业科学技术出版社

图书在版编目(CIP)数据

“十三五”福建特色农业科技发展报告 / 翁志辉，张梅，池敏青编著. --北京：中国农业科学技术出版社，2022. 11

ISBN 978-7-5116-6029-9

Ⅰ. ①十… Ⅱ. ①翁… ②张… ③池… Ⅲ. ①农业技术-技术发展-研究报告-福建-2016-2020 Ⅳ. ①F327. 57

中国版本图书馆 CIP 数据核字(2022)第 222667 号

责任编辑 倪小勋 徐定娜
责任校对 李向荣
责任印制 姜义伟 王思文

出 版 者 中国农业科学技术出版社
北京市中关村南大街 12 号 邮编：100081
电 话 (010) 82105169 (编辑室) (010) 82109702 (发行部)
(010) 82109709 (读者服务部)
网 址 https://castp.caas.cn
经 销 者 各地新华书店
印 刷 者 北京建宏印刷有限公司
开 本 185 mm×260 mm 1/16
印 张 13. 5
字 数 249 千字
版 次 2022 年 11 月第 1 版 2022 年 11 月第 1 次印刷
定 价 108. 00 元

前 言

“十三五”期间，福建省认真贯彻落实习近平总书记“农业出路在现代化，农业现代化关键在科技进步”“要给农业插上科技的翅膀”的重要指示，针对福建人多地少、农业多样性资源丰富的特点，创新农业科技体制机制，大力发展高产、优质、高效、生态、安全的特色现代农业，为全方位推进福建特色现代农业高质量发展、助力乡村振兴提供了强有力的科技支撑。2020年，全省农林牧渔业总产值4 901亿元，“十三五”期间年均增长3.5%，比“十二五”末增加1 200亿元；农村居民人均可支配收入20 880元，“十三五”期间年均增长8.6%。农业农村持续健康发展，农民获得感、幸福感明显提升，为“十四五”特色现代农业发展奠定了坚实的基础。

为全面反映《福建省特色现代农业科技创新行动计划（2015—2020年）》（闽科农〔2015〕3号）的实施情况，总结“十三五”福建特色农业科技发展成就，我们承担了福建省农业科学院科技计划引导性项目《福建特色农业科技发展报告（2016—2020）》（YDXM2019004），组织编写本书。全书分为十一章，第一章“综述”，总结“十三五”福建特色农业科技主要成就。第二章“种业科技创新”，聚焦“种业芯片”，全面展示“十三五”期间福建省特色农林作物和畜禽动物在种质资源保护利用、种质创新、新品种选育，以及基因组研究和良种分子设计研发等方面的进展。第三章“设施农业与数字农业科技”，聚焦“数字赋能”，重点反映福建农业机械化发展、高优种养技术、现代设施农业、农业信息化平台建设、智慧农业园、农业物联网技术和智能化农业关键技术研发与示范应用情况。第四章“海洋渔业科技”，聚焦“海上粮仓”，重点展示福建省海洋渔业资源保护、良种选育、高效健康养殖、智慧渔业，以及渔业创新体系建设等方面的成效。第五章“农产品加工业科技”，聚焦“三产融合”，集中反映农产品产地初加工、传统主食加工、农产品精深加工与高值化开发、农副产品综合利用和农产品质量安全等领域的研究进展。第六章“生态安全农业科技”，聚焦“绿色引领”，突出反映全省在土壤质量提升与保育技术、化肥农药减施增效技术、农业废弃物资源化循环利用技术、农作物病虫害与动物疫病防控技术等领域的研发成果与示范应用情况。第七章“农业科技创新体系”，聚焦“平台支撑”，主要介绍“十三五”期间福建省农业科技研发投入与产业支撑体系建设、院所与高校科研投入情况和创新平台建设，以及获奖科研成果情况。第八章“闽台农业科技合作”，聚焦“闽台融合”，主要反映闽台农业基础研究合作和农业“五新”技术合作情况。第九章“农业科技推广”，重点展示福建省科技特派员制度的典范和基层农技推广培训工作的成效与亮点。第十章“‘十三五’福建农业科技重大成果选介”，推介“十三五”期间全省农业科技十项重大成果。第十一章“问题与建议”，剖析“十三五”福建农业科技的短板与问题，提出“十四五”加快福建特色农业科技创新的建议。

在编写工作中，我们得到了福建省农业农村厅、福建省科学技术厅、福建省农业科学院、福建农林大学等单位相关部门的大力支持。在此，谨向所有支持帮助本书编写的单位、领导和专家致以衷心的感谢。我们在报告编写过程中，力求做到内容主题突出、特色鲜明、系统全面、客观翔实。由于时间和水平有限，书中难免有疏漏或不周之处，敬请专家和同志们批评指正。

编著者

2022 年 9 月

目　录

第一章 综述

习近平总书记强调，解决吃饭问题，根本出路在科技；要坚持农业科技自立自强，加快推进农业关键核心技术攻关。福建倚山滨海，山海资源丰富，特色品种繁多，但耕地面积小，人均耕地仅为全国的三分之一，农业劳动力不断减少且老龄化严重，加上自然灾害频繁，农业生产成本持续增加，因此必须更多地依靠技术、信息、知识等创新要素，才能提高农业生产力，促进农业高质量发展。“十三五”期间，福建聚焦区域现代农业产业发展重大需求，以突破农业产业链关键技术难题为核心，以协同创新为抓手，加强基础研究，强化原始创新、集成创新和引进消化吸收再创新，在农业科技方面结出了累累硕果，科技支撑福建特色农业产业高质量发展作出了重要贡献。

一、科技助推特色现代农业提质增效

“十三五”期间，科技助推福建特色现代农业发展、提质增效明显。已创建省级以上特色农产品优势区 121 个、现代农业产业园 60 个，培育了安溪铁观音、平和蜜柚、古田食用菌、福鼎白茶、光泽肉鸡等特色产业百亿强县，茶叶、蔬菜、水果、畜禽、水产、林竹、花卉苗木、食用菌、乡村旅游、乡村物流等十大乡村特色产业全产业链总产值突破 2 万亿元。坚持品牌强农，毛茶产量保持全国前列，食用菌产量全国第二，蔬菜 40%调供省外，肉蛋奶规模化生产水平位居全国前列，茶果菜、肉蛋奶等绿色优质率大幅提高，2020 年“三品一标”农产品达到 5 016个，比 2015 年增长了 50%，农产品加工业与农业总产值之比达到 3.8：1，农产品质量安全监测总体合格率保持在全国前列，“福字号”绿色优质农产品影响力、竞争力不断增强。坚持绿色导向，农业绿色发展专项行动深入实施，不用化学农药的生态茶园基本全覆盖，化肥、农药连续 5 年减量增效，畜禽粪污综合利用率达 90%，秸秆综合利用率达 93%，农膜回收利用率达 83%[1]。农业科技发展相关指标明显高于“十二五”末期（表 1-1）。

农业技术装备水平明显增强。种业创新与产业化工程深入实施，品种优良化率不断提高，水产、农作物和畜禽良种覆盖率达 97%以上，水稻优质率提高到 80%，农产品加工转化率提高到 72%，畜禽养殖规模化率达到 87%。设施农业快速发展，千亩（1 亩≈666.67 平方米，1 公顷 = 15 亩，下同）设施农业示范基地达 120 多个，设施农业总面积 220 多万亩，其中设施蔬菜面积比例占蔬菜总面积的 23.8%。主要农作物全程机械化推进行动加快实施，耕种收综合机械化率达到 70%（表 1-1）。信息化与农业深度融合进展明显，创建了 50 个现代农业智慧园和 600 个农业物联网应用示范基地，现代信息技术和装备在“三农”领域得到有效推广[1]。农业科技进步贡献率达到 62%，比全国平均水平高出 1.3 个百分点，在全国排名第十一位（表 1-2）；“十三五”时期农业现代化发展水平综合指标，在全国排名第八位（图 1-1）。

表 1-1 2015 年、2020 年福建特色农业科技发展主要指标

序号	主要指标	福建省		全国平均
		2015 年	2020 年	2020 年
1	农业科技进步贡献率（%）	57.0	62.0	60.7
2	农业良种覆盖率（%）	96.6	97.0	96.0
3	耕种收综合机械化率（%）	45.0	70.0	71.0
4	设施农业面积（万亩）	176	230	6 500（总数）
5	设施蔬菜面积比例（%）	11.5	23.8	16.9
6	“三品一标”农产品认证数量	3 350	5 016	120 000（总数）
7	农产品加工转化率（%）	70.0	72.0	67.5
8	农产品加工与农业总产值比	—	3.8∶1	2.4∶1
9	农田灌溉水有效利用系数	0.533	0.557	0.559
10	森林覆盖率（%）	65.9	66.8	23.0
11	主要农作物化肥利用率（%）	33.0	40.2	40.2
12	主要农作物农药利用率（%）	35.6	40.6	40.6
13	秸秆综合利用率（%）	70.0	93.0	86.7
14	畜禽粪污综合利用率（%）	70.0	90.0	75.0
15	废旧农膜回收率（%）	60.0	83.0	80.0

表 1-2 全国 31 个省（区、市）2015 年、2020 年农业科技进步贡献率

序号	省（区、市）	2015 年农业科技进步贡献率（%）	2020 年农业科技进步贡献率（%）	农业科技进步贡献率增长（百分点）
1	上海	70.0	79.1	9.1

（续表）

序号	省（区、市）	2015年农业科技进步贡献率（%）	2020年农业科技进步贡献率（%）	农业科技进步贡献率增长（百分点）
2	北京	69.0	75.0	6.0
3	江苏	65.0	70.0	5.0
4	广东	62.7	70.0	7.3
5	黑龙江	64.5	67.7	3.2
6	天津	60.0	67.0	7.0
7	浙江	62.0	65.2	3.2
8	山东	61.8	64.6	2.8
9	安徽	60.0	64.0	4.0
10	辽宁	59.0	63.0	4.0
11	福建	57.0	62.0	5.0
12	湖北	57.3	61.0	3.7
13	河南	56.6	60.7	4.1
14	重庆	57.0	60.2	3.2
15	湖南	58.0	60.0	2.0
16	云南	55.0	60.0	5.0
17	宁夏	56.0	60.0	4.0
18	海南	55.5	60.0	4.5
19	山西	56.0	60.0	4.0
20	河北	56.0	59.5	3.5
21	江西	56.0	59.5	3.5
22	吉林	57.0	59.4	2.4
23	四川	57.0	59.0	2.0
24	陕西	54.0	58.0	4.0
25	甘肃	55.2	57.0	1.8
26	青海	53.0	57.0	4.0
27	内蒙古	49.4	57.0	7.6

（续表）

序号	省（区、市）	2015 年农业科技进步贡献率（%）	2020 年农业科技进步贡献率（%）	农业科技进步贡献率增长（百分点）
28	新疆	51.0	55.0	4.0
29	西藏	49.0	54.5	5.5
30	广西	45.0	50.0	5.0
31	贵州	48.0	50.0	2.0
全国平均		55.6	60.7	5.1

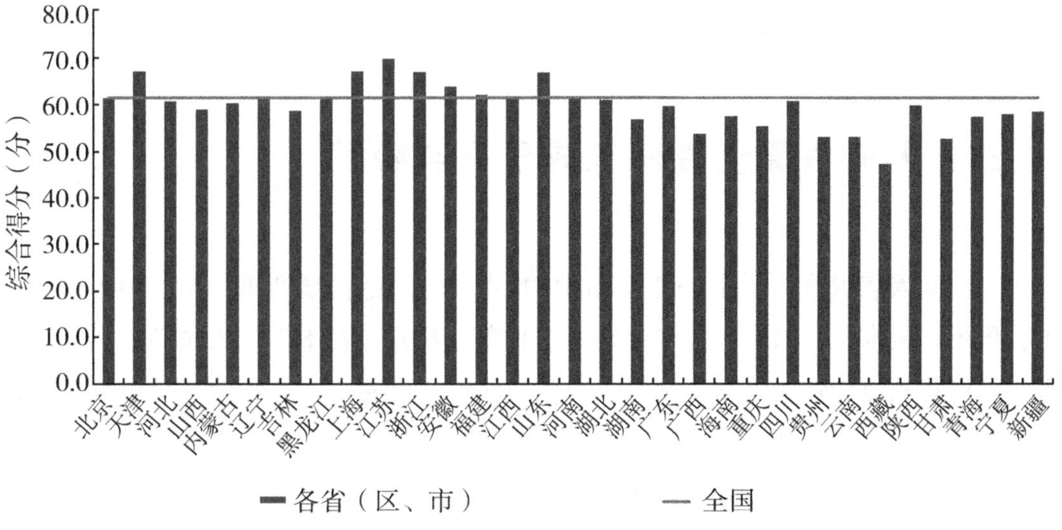

图 1-1　“十三五”时期农业现代化水平评价

注：图版来源于文献［2］。

二、种业科技创新取得重要突破

“十三五”期间，福建省围绕粮油、园艺、畜禽、水产和林业等大宗特色农产品，在种质创新、新品种选育、高效繁育等关键环节突破了一批核心技术。自主培育出国内第一个白羽肉鸡原种鸡配套系，打破了种源完全依赖进口，标志着我国白羽肉鸡种源“卡脖子”问题的解决；选育的“绿盘鲍”荣获 2020 年度中国农业农村重大科技新成果十大农业新产品；“福香占”等一批优质稻新品种在全国优质稻品种鉴评中屡获金奖；杂交水稻制种面积和产量持续保持全国第一，杂交花椰菜种子供应量占全国的60%；鲜食玉米、薯类、特色水果、青梗菜、花椰菜、食用菌等特色农作物品种选育水平全国领先，规模继续扩大。“十三五”期间，福建省累计通过国家与省级审（认）定、登记、鉴定的农林作物和水产类新品种800多个，其中250多个主要农作物品种通过福建省审定，60个主要农作物品种通过国家审定，5个水产新品种通过国家审定，170个林木新品种通过审（认）定，360个果蔬食用菌品种通过认定或登记。获得种业创新专利授权139项，取得植物新品种权245个。种业企业选育的新品种占审（认）定及登记品种的60%。新品种推广面积约500万亩，特色食用菌品种推广5.5亿袋，创制的新品种在品质、产量、抗性和设施专用等方面均取得了新的突破。

三、基础性原创性研究成果亮点纷呈

利用基因编辑技术、新一代基因测序技术、转录组扩增和单细胞基因组分析技术，积极开展水稻、玉米、花生、茶树、甘蔗、花卉、番木瓜、大黄鱼、鲍鱼、害虫等动植物的遗传转化体系、基因组组装与注释、重要代谢产物合成分解调控机理等研究，取得重要进展。成功破译小菜蛾基因组；首次公布的甘蔗基因组成为全球第一个组装到染色体水平的同源多倍体基因组；睡莲基因组及重要性状分子机制研究取得新的突破；破译了四倍体花生全基因组；对双斑东方鲀等开展全基因组测序；绘制了覆盖度最高的大黄鱼全基因组序列精细图谱，完成了首个大黄鱼高通量基因芯片——大黄鱼“宁芯1号”650K高密度SNP分型芯片的研发；成功完成木麻黄基因组组装与测序，录入世界权威基因库NCBI的数据库；“植物营养生长调节网络中枢的硝酸盐偶联Ca^{2+}与NLP信号传导机制”成果入选2017年度15项中国农业科学重大进展[3]。

农业重点领域关键技术集成与产业化应用取得重要突破。特色兰科植物保育与种质创新及产业化关键技术有效破解兰花保育和产业化发展中的重大技术瓶颈，推动我国兰花保育和产业化研究进入国际先进行列；水禽新发疫病病原学研究位居全国前列，“番鸭细小病毒病、小鹅瘟二联活疫苗”获国家一类新兽药证书，填补了国内外空白；海洋微生物开发利用技术国内领先，2个海洋动物抗菌肽产品率先获批进入商业化应用；菌草技术在我国31个省（区、市）的506个县（市）推广应用，并传播至五大洲的106个国家和地区；再生稻高产高效生产关键技术研究全国领先，在全国累计推广2 000多万亩；猪场粪污微生物异位发酵综合利用技术，粪污处理量占全省40%，并辐射推广至南方15个省份；创制了适应不同系统的小菜蛾防控药剂减量增效综合技术模式；率先建成全国第一个杉木第四代种质资源库；莲子、金柑、魔芋等特色农产品精深加工关键技术创新与应用，引领农产品加工业高质量发展。

四、农业科技创新平台建设不断加强

一是加快高水平研发平台建设。福建农林大学海峡联合研究院等5家科研单位引进重大研发机构。二是强化重点实验室和工程技术研究中心建设。围绕水产品、畜禽、茶叶、笋竹、蔬菜、水果、食用菌、花卉、中药材、森林食品等重点特色农产品，加强200多家省部级以上科技创新平台的建设，包括闽台作物有害生物生态防控国家重点实验室、肉食品安全生产技术国家重点实验室、近海海洋环境科学国家重点实验室、大黄鱼育种国家重点实验室、水稻国家工程实验室（福州）、国家菌草工程技术研究中心、甘蔗国家工程技术研究中心、茶叶质量安全国家工程技术研究中心8个国家级科研创新平台，新增建设50个左右省部级以上创新平台。三是支持设区市农科院所建设。“十三五”期间，省财政每年投入1 000万元资金，专项用于支持设区市农科院所建设，开展农业科技研究、科技试验、示范和推广，地市农科院所的科研条件和创新能力得到了明显提升。

五、农业科技推广成效显著

一是深化科技特派员制度。按照双向选择、按需选认、精准对接的要求，坚持跨界别、跨区域选拔科技人才，福建省累计选认科技特派员21 827人次，科技特派员工作成为全国典型。二是完善农技推广体系。福建省已累计投入中央资金6亿多元，建设县乡农技推广机构2 056个，配备农技人员8 778人；70个主要农业县871个乡镇农技推广机构修缮或新建业务用房，配置办公、检验试验等仪器设备，基本实现了“办公有场所、下乡有保障、服务有手段”；累计建设了2 500多个农业科技示范基地，确定了10万多个示范主体，广泛开展技术集成、示范培训、现场观摩，辐射带动100多万户农户[4]。

六、闽台农业科技合作持续深化

一是推动农业基础研究领域科技交流。设立促进海峡两岸科技合作联合基金（海峡联合基金），吸引和聚集海峡两岸科技人员，促进两岸项目对接和台湾人才引进，推动两岸探索协同创新模式和科技融合发展。“十三五”期间，农业科技领域海峡两岸联合基金项目立项26项、对外合作项目立项17项。二是促进闽台农业“五新”技术交流。“十三五”期间闽台农业合作推广示范县共引进台湾农业良种100多个、台湾农业“五新”技术200多项，累计引进台湾农业良种2 500多个、先进实用技术和新农药、新肥料1 000多项，先进农机具和加工设备2万多台套，推广面积超过1 000万亩。

第二章 种业科技创新

一、农业种质资源收集保护

农业种质资源包括作物、畜禽、农业微生物和水产等种质资源，发挥着保障国家粮食安全的基础作用、农业科技创新的源头作用和传承中华农耕文明的载体作用，是维持人类生存、健康与发展的最根本物质基础，是社会经济可持续发展的战略资源，也是农业新品种和生命科学源头创新的材料基础。我国农业品种不断推陈出新、农业科技持续进步、粮食单产屡创新高都离不开农业种质资源的有效开发利用。加强农业生物种质资源的保护与利用，是实现农业高质量跨越发展与结构性调整的重要举措。

（一）福建农业种质资源建设概况

福建省位于我国东南沿海，地处亚热带地区，热量丰富、雨量充沛、光照充足，具有丘陵、河谷、盆地、滨海平原等多种多样的地形地貌特征，生态环境优越，并且具有悠久的农业垦殖历史，农林植物种质资源及基因资源丰富而有特色。据不完全统计，全省有植物种类4 500种以上，其中水稻、甘薯、花生、荔枝、枇杷、龙眼、红肉蜜柚、杨梅、锥栗、樱桃、葡萄、银杏、茶叶、闽楠、速生杉木、半刺厚唇鱼、大黄鱼、槐猪、河田鸡、特色山药、泽泻、黄连等是具有地方特色的农业种质资源。

长期以来，福建省委、省政府十分重视农业生物资源的收集、保存和利用，多次组织开展全省农业生物资源调查研究，通过福建省种业创新与产业化工程项目实施和“第三次全国农作物种质资源普查与收集行动”，加大了种质资源的调查、保存和引进以及新品种选育的力度，进一步丰富了全省的农业生物资源，有效地支撑了全省动植物育种的可持续发展。2019 年 12 月 30 日，《国务院办公厅关于加强农业种质资源保护与利用的意见》（以下简称《意见》）正式印发，为全面落实《意见》精神，福建省农业农村厅等 7 部门制定了《关于加强农业种质资源保护与利用九条措施的通知》。提出到 2035 年，力争建成一批收集规模化、管理精细化、设备现代化、人员专业化的农业种质资源保存中心和农业种质资源信息管理与共享系统，构建具有福建特色、系统完整、科学高效的农业种质资源保护与利用体系。

（二）福建农业种质资源类型与数量

福建农业种质资源包括：粮经作物（水稻、甘薯、马铃薯、玉米、大豆、花生、大麦、小麦），经济作物（果树、茶叶、蔬菜、花卉、中药材），绿肥与饲草作物（红萍、绿肥、牧草），畜禽（山羊、黑猪、兔、鸭），水产，农业微生物（食用菌、芽孢杆菌、真菌）等。近年来，福建省建立了 3 个国家级农作物种质资源圃和 8 个国家级畜禽遗传资源保种场、保护区、基因库，各地建立了一批农业种质资源库（场、区、圃）。2017 年福建省正式启动实施“第三次全国农作物种质资源普查与收集行动”[5]。截至 2020 年年底，福建省保存各类农作物种质资源 5.6 万多份，林木花卉种质资源 1 万多份，农业微生物资源 4.7 万多份。其中，龙眼、枇杷、红萍等资源保存数量、多样性水平居世界首位。“十三五”期间，全省共收集到农作物种质资源 4 500份左右，发现 100 多个茶树品种，累计收集保存林业种质资源 1 809份，率先建成全国第一个杉木第四代种质资源库。

（三）农业种质资源保存平台

农业种质资源保存方式有 4 种类型：一是进入国家种质资源圃和省级种质资源圃保存；二是进入国家级和省级种质资源库保存；三是由单位建设的种质资源圃（库），或通过重点实验室、项目实施进行资源收集和保存。

截至 2020 年年底，福建省累计建有 27 个国家或省级种质资源保存保护平台（表 2-1）。

表 2-1　福建省农业种质资源保护平台

类别	序号	名称	建设单位
一、农林类	1	国家龙眼枇杷种质资源圃（福州）	福建省农业科学院果树研究所
	2	国家红萍种质资源圃（福州）	福建省农业科学院农业生态研究所
	3	国家闽台特色作物种质资源圃（漳州）	福建省农业科学院亚热带农业研究所
	4	国家杉木种质资源库（洋口）	福建省洋口国有林场

（续表）

类别	序号	名称	建设单位
一、农林类	5	福建省水稻种质资源库	福建省农业科学院水稻研究所
	6	福建省茶树品种资源圃	福建省农业科学院茶叶研究所
	7	福建省橄榄种质资源圃	福建省农业科学院果树研究所
	8	福建省大麦、小麦种质资源圃	福建省农业科学院水稻研究所
	9	福建省梨种质资源圃	福建省农业科学院果树研究所
	10	兰科植物种质资源库	福建农林大学
	11	菌草种质资源库	福建农林大学
	12	瓜菜种质资源库	福建农林大学
	13	芽孢杆菌种质资源库	福建省农业科学院农业生物资源研究所
	14	药用植物资源库	福建省农业科学院农业生物资源研究所
	15	柑橘种质资源圃（永春）	泉州市永春县政府，福建农林大学园艺学院
二、畜禽水产类	1	国家水禽基因库（福建）	石狮市种业发展中心
	2	晋江马国家保护区	晋江市畜牧兽医站
	3	国家晋江马保种场	晋江市峻富生态林牧有限公司
	4	国家莆田黑猪保种场	莆田市乡里香黑猪开发有限公司
	5	国家槐猪保种场	上杭绿琦槐猪保种场
	6	国家福建黄兔保种场	福建省连江玉华山自然生态农业试验场
	7	国家河田鸡保种场	福建省长汀县南塅河田鸡保种场有限公司
	8	国家连城白鸭保种场	连城县白鸭原种场
	9	国家金定鸭、莆田黑鸭保种场	泉州市诚信农牧发展有限公司
	10	大黄鱼国家级水产种质资源保护区（官井洋）	福建省宁德市海洋与渔业局
	11	福建省坛紫菜种质资源库	集美大学
	12	福建省鲍种质资源库	厦门大学

1. 国家龙眼枇杷种质资源圃（福州）

依托福建省农业科学院果树研究所建设，是世界上保存龙眼枇杷种质资源数量最多、多样性最丰富、规模最大的资源圃。龙眼圃中收集保存 5 个国家或地区的龙眼种质资源 2 个种 368 份，涵盖我国广西、云南等 9 个省（区、市）及泰国、越南、印度尼西亚、美国等国家。枇杷圃中收集保存 10 个国家或地区的枇杷种质资源 15 个种（变种）654 份，涵盖我国福建、浙江等 15 个省（区、市），以及日本、西班牙、美国、意大利、新西兰、南非、希腊、以色列、越南等国家。鉴定筛选出优异资源 150 多份，提供利用种质 8 000多份次；利用资源育成了 46 个新品种（系）在生产中示范推广。

2. 国家红萍种质资源圃（福州）

依托福建省农业科学院农业生态研究所建设。国家红萍种质资源圃（福州）安全保存 1 个科、1 个属、6 个种的红萍种质资源共 620 份，其中国内资源 228 份，国外引进资源 392 份；特色资源 211 份，野生资源 342 份，是世界上保存红萍资源数量最多、品种最全的资源圃。这些红萍种质资源来自菲律宾等国外 32 个国家（地区）、福建省等国内 18 个省（区、市）。

3. 国家闽台特色作物种质资源圃

依托福建省农业科学院亚热带农业研究所建设。主要开展闽台特色作物种质资源的收集、保存、鉴定评价及创新利用，挖掘闽台特色作物优异种质及基因资源，为特色作物品种选育、功能成分发掘、优质农产品开发提供物质基础。资源圃占地面积 150 多亩，拥有规范化实验室 2 000平方米、玻璃温室 1 500平方米、大棚温室 6 000平方米及田间保存圃 100 亩，该圃的资源保存能力达到 5 000份以上，年鉴定评价和分发能力 500 份以上。目前保育特色果树、野特菜、水仙花、甘蔗、香料等闽台特色作物种质资源 2 200多份。

4. 国家杉木种质资源库（洋口）

依托福建省洋口国有林场建设。地处福建省北部的“中国杉木之乡”顺昌县和延平区境内，经营总面积 10.53 万亩，其中有林地 9.69 万亩，森林覆盖率 92%，活立木蓄积 119 万立方米，是中国杉木中心产区的核心区，全国规模最大的杉木种质资源野外保存库，也是全国第一个杉木第四代种质资源库，至今收集嫁接保存了4 000多份杉木种质资源，并在全国率先实施第四代遗传改良，使中国成为世界三个有能力进行林业苗木第四代遗传改良的国家之一。林场先后被确定为“国家杉木种质资源库”“首批国家重点林木良种基地”“国家林业和草原长期科研基地”。

5. 福建省茶树品种资源圃

依托福建省农业科学院茶叶研究所建设。占地面积100多亩，包括茶树品种自然杂交一代初选种质资源圃、福建省乌龙茶种质资源圃、福建原生茶树种质资源圃，共收集保存国内外茶树品种资源1 000多份，乌龙茶种质1 000多个，育种材料2 000多个，是我国最早建立、福建最大的“茶树品种资源圃”。其中乌龙茶种质资源圃被誉为“中国乌龙茶种质资源保存中心”。

6. 福建省橄榄种质资源圃

依托福建省农业科学院果树研究所建立，被列入农业农村部热带作物种质资源保护项目。目前已收集、保存来自福建、广东、浙江、广西、云南、四川等省（区）橄榄种质资源200份左右，涵盖了我国绝大部分橄榄地方品种和重要遗传材料，是我国目前保存品种数量最多、种类最齐全、保存规模最大的橄榄种质资源圃。

7. 福建省大麦、小麦种质资源圃

依托福建省农业科学院水稻研究所建设，现保存大麦资源850份、小麦资源315份，其中裸大麦种质资源89份。已建立完善的低温保存设备，以及稳定、中长期的大小麦种质资源加代扩繁基地，为福建省大麦、小麦地方品种资源的保存提供保障，为未来大麦、小麦育种研究做好储备。

8. 福建省梨种质资源圃

依托福建省农业科学院果树研究所建立。位于三明市建宁县溪口镇高圳村，资源圃与国家梨产业技术体系福州试验站的品种资源工作相结合，主要开展梨资源收集、保存、繁育及提高梨科学栽培管理试验等工作，现已保存品种300份以上，并且在资源圃中可以开展全省梨植保示范工作，是一个综合性的资源圃。

9. 福建省水稻种质资源库

依托福建省农业科学院水稻研究所建设。保存国内外稻种资源及福建省地方稻种共 7 000多份，其中 2 317份福建水稻地方品种和育成品种进入国家中长期库保存；98 份福建普通野生稻种茎进入国家广东野生稻种质圃保存。

10. 芽孢杆菌种质资源库

依托福建省农业科学院农业生物资源研究所建设，保藏着从全国 31 个省（区、市）不同生境类型 12 000余份土壤样本中分离的 3 万余株芽孢杆菌菌株和从德国、日本、韩国等多个国家菌种保藏中心引进的芽孢杆菌模式菌株 268 种，其中 100 种芽孢杆菌模式菌株进入中国农业微生物菌种保藏中心（ACCC），实现了资源共享。

11. 药用植物资源库

依托福建省农业科学院农业生物资源研究所建设，搜集保存了山药、七叶一枝花、麦冬、马兰、薏苡、石仙桃、金线莲、石斛、太子参、半夏等药用植物资源 45 科 632 份，药用植物腊叶标本 613 份，中药材标本 127 份。

12. 菌草种质资源圃

依托福建农林大学建设，是全球保存菌草种质资源数量最多、多样性最丰富、规模最大的菌草种质资源基地。已经建立了菌草种质资源圃和数据库，收集保存狼尾草、芦竹等 25 个属的菌草种质资源 120 多份，建立了巨菌草、绿洲系列组培快繁体系，收集筛选出适宜菌草栽培的食药用菌菌株 821 株，筛选出 358 个菌草栽培食药用菌配方并研发相应配套的栽培工艺技术及生产模式。

13. 兰科植物种质资源圃

依托福建农林大学等单位建设，资源调查的兰科植物占区域 97. 8%的属和 83. 2%的种，建成全国最大的兰科种质资源圃，制定实施保育新策略，推动一批珍贵兰科植物资源成功回归野外，有效缓解濒危压力。收集活体材料 213 属 1 054种，超过 100 万个体。建成唯一的兰科植物专业标本馆，馆存腊叶标本 3 835份，模式标本 110 份，专类资料 1 300多册，数字标本 20 万张，DNA 标本 5 万份。建成全国蝴蝶兰属植物最全的种质资源圃，收集原生种和园艺品种 3 918个；对广义蝴蝶兰属（7 个属）的全部 164 个分类群进行了分类学处理，建立了 4 个亚属 6 个组的新分类系统。

14. 柑橘种质资源圃（永春）

由泉州市永春县与福建农林大学园艺学院合作建立，资源圃位于永春县。该资源圃是保护柑橘遗传多样性和选育改良柑橘品种的基础性工程，主要开展柑橘种质资源调查收集、种质保存、创新利用。柑橘种质资源圃共收集、种植来自全省各地的柑橘种质资源 68 份。

15. 瓜菜种质资源库

由福建农林大学建立的保存有 1 250份材料的小白菜种质资源库，集成温室加代育种、自交不亲和育种、诱变和杂交育种技术手段，建立育种技术体系，筛选出优异资源 210 份，其中抗病 73 份、抗逆 52 份、薹用 27 份、高产 28 份。收集各类辣椒种质资源 240 份，创制一批具有无限生长特性的优异辣椒育种材料。筛选出番茄优异资源 118 份，其中抗病材料 42 份、抗逆材料 21 份、早熟材料 27 份、优质粉果材料 28 份；创制优异亲本材料 12 份。

16. 国家水禽品种资源基因库（石狮）

由农业农村部在石狮市水禽保种中心建设“国家水禽品种资源基因库”，承担我国最大的鸭活体基因保存工作，集中备份保存 20 个全国优秀水禽品种，承担着保护两个国家级水禽品种（金定鸭、莆田黑鸭）的职能，并建设“国家水禽研究所”。

17. 国家莆田黑猪保种场

2008 年由莆田市乡里香黑猪开发有限公司承建，列入国家级莆田黑猪保种场。莆田黑猪主产于莆田辖区的县、区和福清的西北部。2020 年，莆田黑猪保护场的保种核心群规模母猪 180 头，按照莆田黑猪保种方案，采用继代留种方法，选育具有莆田黑猪特点及优秀生产性能的母猪 290 头、公猪 30 头。

18. 国家槐猪保种场

由上杭县绿琦槐猪保种场承建，2008 年通过国家级畜禽遗传资源保种场验收。猪场建筑面积 10 000平方米，至 2020 年年底存栏槐母猪 112 头，槐公猪 16 头，全年出售种猪及商品猪1 000多头。

（四）福建省农业科学院农业种质资源保护概况

福建省农业科学院作为福建省农业领域重要研究机构之一，建立有国家级和省级农作物种质资源圃，收集保存了近10万份各类农业种质资源，形成了覆盖全省的种质资源保护与利用体系。目前保存的农作物种质资源有58个种类38 212余份，农业微生物646种47 567余份，药用植物资源45种327份，畜禽种质材料4种15份，水产种质材料1种4份，详见表2-2[6]。

表2-2　福建省农业科学院保存的种质资源种类与数量

序号	种质种类	数量	平台条件
1	龙眼	368份	国家圃
2	枇杷	654份	国家圃
3	红萍	620份	国家圃
4	橄榄	210份	农业农村部保种项目
5	番木瓜	20份，离体保存15份	课题组
6	火龙果	40份	课题组
7	李柰	95份	农业农村部保种项目
8	杨梅	32份	院级圃
9	西番莲	47份	课题组
10	蓝莓	30份	课题组
11	黑莓	12份	课题组
12	树莓	8份	课题组
13	不老莓	5份	课题组
14	猕猴桃	115份，离体保存15份	院级圃
15	葡萄	53份	国家葡萄产业技术体系 福州综合试验站
16	杧果	65份	课题组
17	莲雾	63份	院级圃

（续表）

序号	种质种类	数量	平台条件
18	桃	49 份	国家现代农业桃产业技术体系福州综合试验站
19	梨	320 份	国家现代农业梨产业技术体系福州综合试验站
20	余甘子	200 份	农业农村部种质资源保护专项
21	柑橘	20 余份	课题组
22	柚	75 份	国家级种质资源服务共享平台
23	牧草、绿肥	1 700 余份	国家草品种区试站（建阳、溪口）
24	薏苡	60 余份	国家草品种区试站（建阳、溪口）
25	玉米	1 330 份	课题组
26	大小麦	1 719 份	院级圃
27	大豆	440 余份	课题组
28	花生	600 余份	院级圃
29	食用豆（蚕豆、豌豆）	4 000 余份	课题组
30	花卉	保存热带兰花 300 余份、福建本土兰花 300 余份	院级圃
31	各类蔬菜	3 000 余份	国家现代农业产业技术体系福州综合试验站
32	甘薯	281 份	南方薯类科学观测实验站
33	马铃薯	300 份	南方薯类科学观测实验站
34	抗病性种质资源保存	177 份	院级圃
35	天敌种质	14 份	课题组
36	药用植物	632 份	课题组
37	食用菌	1 032 株	国家食用菌产业技术体系
38	芽孢杆菌资源	芽孢杆菌资源 3 万余份、模式菌株 268 种	国家发改委—微生物菌剂开发与应用国家地方联合工程研究中心、福建芽孢杆菌保藏中心

（续表）

序号	种质种类	数量	平台条件
39	甜瓜	89 份	课题组
40	瓜类	600 余份	课题组
41	水稻	10 000 余份	福建省水稻育种材料种质资源库
42	黄红麻	1 040 份	国家麻类产业技术体系漳州黄/红麻试验站
43	芳香植物资源	175 份	课题组
44	黄秋葵、山苦瓜、佛手瓜等原生蔬菜	200 余份	课题组
45	黄花菜	50 份	课题组
46	香蕉	103 份	院级圃
47	甘蔗	1 000 份	国家糖料产业技术体系
48	水仙花	102 份	课题组
49	三角梅	60 份	课题组
50	水田绿肥	676 份	课题组
51	食品微生物	2 080 株	福建省农产品（食品）加工重点实验室
52	水生景观植物	154 份	课题组
53	山茶花	507 份	院级圃
54	中华鲟	4 份	课题组
55	地方兔	3 种	课题组
56	地方品种猪	4 个品种	课题组
57	地方家鸭	4 个品种	课题组
58	羊	4 个品种	课题组

二、种质创新与新品种选育

种子是农业的“芯片”，种业是国家战略性、基础性核心产业。据不完全统计，

“十三五”以来福建省在种业创新相关领域共实施684项省级科技计划项目，资助经费约2.1亿元，带动项目总投资约4.2亿元（其中，2020年实施150项省级科技计划项目，资助经费2 684万元）。通过项目带动，福建省围绕粮油、园艺、畜禽和林业等大宗特色农产品，在种质创新、新品种选育、高效繁育等关键环节突破了一批核心技术，种业创新相关项目取得了良好的成效。实施第三轮种业创新与产业化工程，每年安排专项资金5 000万元，以优质品种选育为重点，通过联合育种攻关，累计育成105个优质、绿色、专用、高效农业新品种。

“十三五”期间福建省品种创新能力显著提升，累计收集鉴定农作物优异种质资源1 814份，采用常规选育与分子标记技术相结合，创制了水稻、辣椒、番茄、甘薯、香菇、蘑菇等作物的优异亲本种质776份。“福建牌”种子势头强劲，5年间累计通过国家与省级审定、登记、鉴定农作物品种800多个，其中258个主要农作物品种通过省级审定，52个主要农作物品种通过国家级审定，8个主要农作物品种先后通过省级和国家级审定（表2-3、表2-4），170个林木新品种通过品种审（认）定，360个果蔬食用菌品种通过认定或登记。获得种业创新专利授权139项，取得植物新品种权245个。新品种推广面积约500万亩，特色食用菌5.5亿袋，设施专用金针菇、真姬菇、杏鲍菇等食用菌品种综合性状已达到或超过境外进口同类品种，在品质、产量、抗性和设施专用等方面取得了新的突破。

表2-3 “十三五”期间福建省审定通过的主要农作物品种（福建省选育）

序号	作物	品种名称	品种来源	选育单位	审定年份
1	大豆	泉豆17	浙9703/南春201	泉州市农业科学研究所	2020
2	大豆	闽豆9号	闽豆6号/08B4-1	福建省农业科学院作物研究所	2020
3	大豆	兴化豆618	浙98002/毛豆389	莆田市农业科学研究所	2019
4	大豆	闽豆7号	抚鲜5号/云豆9号	福建省农业科学院作物研究所	2018
5	大豆	兴化豆1号	浙98002/浙88005-7	莆田市农业科学研究所	2018
6	大豆	莆豆12（区试名：莆豆047）	莆豆8008/福豆310	莆田市农业科学研究所	2018

（续表）

序号	作物	品种名称	品种来源	选育单位	审定年份
7	大豆	莆豆 6 号	粤春 04-5/泉豆 7 号	福建省莆田市农业科学研究所	2017
8	大豆	莆豆 11	莆豆 10 号/诱处 4 号	福建省莆田市农业科学研究所	2016
9	大豆	泉红花 1 号（区试名：泉花 806）	0540-0002/泉花 7 号	泉州市农业科学研究所	2016
10	甘薯	龙紫 4 号	以岩齿红为母本集团杂交选育而成	龙岩市农业科学研究所	2016
11	甘薯	龙津薯 3 号	绫紫/龙薯 9 号	龙岩龙津作物品种研究所	2016
12	甘薯	榕薯 153	B1/金山 57	福州市农业科学研究所	2016
13	水稻	聚两优 919	RGD-7S×福恢 919	福建亚丰种业有限公司、福建省农业科学院水稻研究所、广东省农业科学院水稻研究所	2020
14	水稻	恒丰优 371	恒丰 A×福恢 371	福建省农业科学院水稻研究所、广东粤良种业有限公司	2020
15	水稻	赣优 7319	赣 73A×东南恢 019	福建省农业科学院水稻研究所、江西省农业科学院水稻研究所	2020
16	水稻	金泰优 2050	金泰 A×金恢 2050	福建农林大学农学院	2020
17	水稻	律优 308	律达 A×广恢 308	福建省农业科学院水稻研究所、广东省农业科学院水稻研究所	2020
18	水稻	五丰优 450	五丰 A×福恢 450	福建省农业科学院水稻研究所	2020
19	水稻	榕盛优 1131	榕盛 A（原名：218A）×金恢 1131	福建农林大学农学院	2020

（续表）

序号	作物	品种名称	品种来源	选育单位	审定年份
20	水稻	金泰优 2877	金泰 A×中种恢 2877	中种集团福建农嘉种业股份有限公司、福建农林大学农学院	2020
21	水稻	潢优粤禾丝苗	潢达 A×粤禾丝苗	福建省农业科学院水稻研究所、广东省农业科学院水稻研究所、四川台沃种业有限责任公司	2020
22	水稻	金达优 683	金达 A×福恢 683	福建农林大学农学院、福建省农业科学院水稻研究所	2020
23	水稻	福香占	粤晶丝苗/H603	福建省农业科学院水稻研究所、福建省福瑞华安种业科技股份有限公司	2020
24	水稻	野香优 699	野香 A×福恢 699	福建禾丰种业股份有限公司、福建省农业科学院水稻研究所、广西绿海种业有限公司、福建农林大学作物遗传改良研究所	2020
25	水稻	18 优华占	18A×华占	福建旺穗种业有限公司	2020
26	水稻	谷优 693	谷丰 A×福恢 693	福建省农业科学院水稻研究所、福建兴禾种业科技有限公司	2020
27	水稻	旗 2 优 2015	旗 2A/R2015	福建金品农业科技股份有限公司、福建省农业科学院水稻研究所	2020
28	水稻	广优 618	广抗 13A×力恢 618	福建科力种业有限公司、福建省南平市农业科学研究所、三明市农业科学研究院	2020
29	水稻	遂两优 164	遂 S×明恢 164	福建六三种业有限责任公司、三明市农业科学研究院	2020
30	水稻	雅 5 优明占	雅 5A/双抗明占	福建农乐种业有限公司、四川农业大学农学院、三明市农业科学研究院	2020

（续表）

序号	作物	品种名称	品种来源	选育单位	审定年份
31	水稻	野香优 6813	野香 A×禾恢 6813	福建禾丰种业股份有限公司、广西绿海种业有限公司	2020
32	水稻	禾两优 639	禾 9S（原名：茂 S）×福恢 639	福建农林大学农学院、福建省农业科学院水稻研究所、福建禾丰种业股份有限公司	2020
33	水稻	宁 12 优黑 807	宁 12A×宁黑恢 807	宁德市农业科学研究所	2020
34	水稻	深两优 2802	深 08S×将红 2802	福建六三种业有限责任公司、福建省将乐县农业科学研究所、国家杂交水稻研究中心清华深圳龙岗研究所	2020
35	水稻	创源优 151	创源 A×江恢 151	福建旺穗种业有限公司、福建省农业科学院水稻研究所	2020
36	水稻	创源优 918	创源 A/乐恢 918	福建农乐种业有限公司、福建省农业科学院水稻研究所、三明市绿丰农业发展有限公司	2020
37	水稻	君红丝苗	红美人/NY28（茉莉占/美香占//台粳 11 号）	福建君和生物科技有限公司、武夷山科力兴种业有限公司	2020
38	水稻	元丰优 998	元丰 A×广恢 998	福建省三明市农业科学研究院、广东省农业科学院水稻研究所	2020
39	水稻	恒丰优 6107	恒丰 A×福恢 6107	福建省农业科学院水稻研究所、广东粤良种业有限公司	2020
40	水稻	金泰优 156	金泰 A×亚恢 156	宁德市农业科学研究所、福建农林大学农学院	2020

（续表）

序号	作物	品种名称	品种来源	选育单位	审定年份
41	水稻	金泰优 99	金泰 A×嘉恢 99	福建农林大学农学院、嘉兴市农业科学研究院、福建金山都种业发展有限公司	2020
42	水稻	金泰优 1057	金泰 A×金恢 1057	福建农林大学农学院	2020
43	水稻	金泰优 6863	金泰 A×禾恢 6863	福建农林大学农学院、福建禾丰种业股份有限公司	2020
44	水稻	恒丰优 212	恒丰 A×福恢 212	福建省农业科学院水稻研究所、广东粤良种业有限公司	2020
45	水稻	启优 2165	启源 A×福恢 2165	福建省农业科学院水稻研究所、福建省福瑞华安种业科技有限公司	2020
46	水稻	神农 39	97 香/IR58025B	福建神农大丰种业科技有限公司	2020
47	水稻	野香优靓占	野香 A×靓占	福建禾丰种业股份有限公司、江西省农业科学院水稻研究所、广西绿海种业有限公司	2020
48	水稻	泰谷优 466	泰谷 A/荟恢 466	科荟种业股份有限公司	2020
49	水稻	华元优 533	华元 3A/荟恢 533	科荟种业股份有限公司	2020
50	水稻	柏两优 533	柏农 S/荟恢 533	科荟种业股份有限公司	2020
51	水稻	玉华占	玉香油占×黄华占	科荟种业股份有限公司	2020
52	水稻	金油占	金农丝苗×南油占	科荟种业股份有限公司	2020
53	水稻	广 8 优 1059	广 8A×金恢 1059	福建农林大学农学院、广西兆和种业有限公司、广东省农业科学院水稻研究所	2020
54	水稻	佳福香占	佳辐占//象牙香占/R207///佳辐占	厦门大学生命科学学院	2020

（续表）

序号	作物	品种名称	品种来源	选育单位	审定年份
55	水稻	清香优2号	清香A/FR2号	福建丰田种业有限公司、广西瑞恒种业有限公司	2020
56	水稻	旗5优862	旗5A×JR862	福建金品农业科技股份有限公司、福建省农业科学院水稻研究所	2020
57	水稻	福占1号	黄华占/粤晶丝苗2号//MP112	福建省农业科学院水稻研究所	2020
58	水稻	旗5优661	旗5A×福恢661	福建省农业科学院水稻研究所	2020
59	水稻	福昌优661	福昌1A×福恢661	福建省农业科学院水稻研究所	2020
60	水稻	元两优6503	元亨S×福恢6503	福建省农业科学院水稻研究所、福建禾丰种业股份有限公司	2020
61	水稻	金岩优683	金岩A×福恢683	福建农林大学农学院、福建省农业科学院水稻研究所、中种集团福建农嘉种业股份有限公司	2020
62	水稻	内香优6478	内香6A/内恢6478	福建科力种业有限公司、内江杂交水稻科技开发中心、四川省内江市农业科学院	2020
63	水稻	福玖优2165	福玖A×福恢2165	福建省农业科学院水稻研究所	2020
64	水稻	野香优744	野香A×福恢744	福建省农业科学院水稻研究所、广西绿海种业有限公司、福建禾丰种业股份有限公司	2020
65	水稻	鑫两优6832（区试名：鑫两优683）	蜀鑫6S-8/FR321	福建丰田种业有限公司、合肥市友鑫生物技术研究中心	2020
66	水稻	两优1516（原名：两优516）	N15S×南恢516	福建省南平市农业科学研究所、武夷山科力兴种业有限公司	2020

（续表）

序号	作物	品种名称	品种来源	选育单位	审定年份
67	水稻	佳谷优金占	佳谷 A×金占	泉州市农业科学研究所、厦门大学生命科学学院、福建神农大丰种业科技有限公司	2020
68	水稻	长优 1103	长粳 1A×恢 AP1103	建瓯市益农种子商行、金华市农业科学研究院、中国水稻研究所、金华三才种业公司	2020
69	水稻	福泰 738	粳籼 89×泰丰占	科荟种业股份有限公司	2020
70	水稻	野香优 967	野香 A×福恢 967	福建省农业科学院水稻研究所、广西绿海种业有限公司	2020
71	水稻	福农优 163	福农 A/漳恢 163	漳州市农业科学研究所、福建省农业科学院水稻研究所	2020
72	水稻	恒丰优 712	恒丰 A/福恢 712	福建省农业科学院水稻研究所、广东粤良种业有限公司	2020
73	水稻	潢优 808	潢达 A×福恢 808	福建省农业科学院水稻研究所	2020
74	水稻	福农优 101（区试名：福农 1 优 101）	福农 A×南恢 101	福建省南平市农业科学研究所、福建省农业科学院水稻研究所、武夷山科力兴种业有限公司	2020
75	水稻	广 8 优 1131	广 8A×金恢 1131	福建农林大学农学院、广西兆和种业有限公司、广东省农业科学院水稻研究所	2020
76	水稻	东联红	东联 5 号/本地红米早	南安市码头东联农业科技示范场	2020
77	水稻	紫两优 737	紫 392S×福恢 737	福建省农业科学院水稻研究所	2020
78	水稻	紫两优 212	紫 392S×福恢 212	福建省农业科学院水稻研究所	2020

（续表）

序号	作物	品种名称	品种来源	选育单位	审定年份
79	水稻	T 两优 186	T108S×明恢 186	三明市农业科学研究院、福建旺福农业发展有限公司	2020
80	水稻	红两优 6 号	118S×旺红 6 号	福建旺穗种业有限公司、福建省农业科学院水稻研究所	2020
81	水稻	清达 A	臻达 A/清达 B（谷丰 B/岳 4B）	福建省农业科学院水稻研究所	2020
82	水稻	创源 A	全丰 A/创源 B（253B/107B）	福建省农业科学院水稻研究所	2020
83	水稻	启源 A	全丰 A/启源 B（253B/繁源 B）	福建省农业科学院水稻研究所	2020
84	水稻	福泰 1A	IR58025A/福泰 1B（IR58025B/IR200WS016//IRB128///IRBBL24）	福建省农业科学院水稻研究所	2020
85	水稻	旗 5A	旗 5A/旗 5B（旗 2B/RB716）	福建省农业科学院水稻研究所	2020
86	水稻	明太 A	钱江 A×明太 B［M206B（广抗 13B//钱江 A/黄华占）/10GB1002（C815S/野籼占 8 号）］	三明市农业科学研究院	2020
87	水稻	福玖 A	谷丰 A/福玖 B（福稻 B/华航丝苗）	福建省农业科学院水稻研究所	2020
88	水稻	君 A	谷丰 A/君 B（协青早 B/D297B//南厦 060）	福建君和生物科技有限公司、福建省南平市农业科学研究所、武夷山科力兴种业有限公司	2020

（续表）

序号	作物	品种名称	品种来源	选育单位	审定年份
89	水稻	明糯 A	元丰 A/明糯 B（元丰 B/苏糯 D1B）	三明市农业科学研究院	2020
90	水稻	陆 A	谷丰 A/陆 B（珍汕 97B/佳辐占//长丰 B）	厦门大学生命科学学院	2020
91	水稻	佳谷 A	珍汕 97A/佳谷 B	泉州市农业科学研究所	2020
92	水稻	秾谷 A	全丰 A/秾谷 B（NB661/谷丰 B//全丰 B）	福建省农业科学院生物技术研究所、科荟种业股份有限公司	2020
93	水稻	榕盛 A（原 218A）	金山 A-1//佳新占/M32B	福建农林大学农学院	2020
94	水稻	金达 A	M20A//佳新占/M20B	福建农林大学农学院	2020
95	水稻	云香 A	广 8A///银丰 B//泰丰 B/广 8B	建瓯市厚积农业科学研究所、湖南省春云农业科技股份有限公司	2020
96	水稻	1678S	闽 1303S//375S/R143	福建省农业科学院生物技术研究所	2020
97	水稻	闽糯 2S	6311S 诱变糯质基因突变	福建农林大学作物遗传改良研究所	2020
98	水稻	虬 S	P88S×广东三抗	福建省农业科学院水稻研究所	2020
99	水稻	榕夏 S	海 S×福农 B	福建省农业科学院水稻研究所	2020
100	水稻	榕 S	P88S ×（IR58025B/05CR71）F_8	福建省农业科学院水稻研究所	2020
101	水稻	N15S	安湘 S/广占 63S	福建省南平市农业科学研究所、武夷山科力兴种业有限公司、福建君和生物科技有限公司	2020

（续表）

序号	作物	品种名称	品种来源	选育单位	审定年份
102	水稻	君 S	培矮 64S/SE21S//台粳 11 号	福建君和生物科技有限公司、武夷山科力兴种业有限公司	2020
103	水稻	紫 05S	黑籼糯/广占 63S	福建省南平市农业科学研究所、福建君和生物科技有限公司、武夷山科力兴种业有限公司	2020
104	水稻	杉农 S	HD9802S//HD9802S/谷丰 B	科荟种业股份有限公司	2020
105	水稻	柏农 S	33S//33S/天丰 B	科荟种业股份有限公司	2020
106	水稻	榕 25S	品 57s/华占	福建农林大学农产品品质研究所	2020
107	水稻	春 80S	隆科 638S//创 5S/1892S	建瓯市厚积农业科学研究所、湖南恒丰种业科学研究院有限公司	2020
108	水稻	金泰优 1051	金泰 A×金恢 1051	福建农林大学作物科学学院、福建省福瑞华安种业科技有限公司	2019
109	水稻	泉珍 12 号	佳辐占/榕籼 1 号	泉州市农业科学研究所	2019
110	水稻	科优 186	科 A×南恢 186	福建省南平市农业科学研究所、福建君和生物科技有限公司	2019
111	水稻	盂两优 319	盂 S×南恢 319	福建科力种业有限公司种业研究院、福建君和生物科技有限公司	2019
112	水稻	金泰优 683	金泰 A×福恢 683	福建农林大学作物科学学院、中种集团福建农嘉种业股份有限公司、福建省农业科学院水稻研究所	2019
113	水稻	禾两优 676（区试名：茂两优 676）	禾 9S（原名：茂 S）×福恢 676	福建农林大学作物科学学院、福建省农业科学院水稻研究所、福建禾丰种业股份有限公司	2019

（续表）

序号	作物	品种名称	品种来源	选育单位	审定年份
114	水稻	荃优 164	荃 9311A×明恢 164	三明市农业科学研究院、安徽荃银高科种业股份有限公司、福建六三种业有限责任公司	2019
115	水稻	两优 108	K12S×H108	福建省南平市农业科学研究所、福建丰田种业有限公司、福建君和生物科技有限公司	2019
116	水稻	甬优 5526	甬粳 55A×F4926	宁波市种子有限公司	2019
117	水稻	T 两优华占	T108S×华占	福建旺福农业发展有限公司、中国水稻研究所	2019
118	水稻	荃优 699	荃 9311A×福恢 699	福建禾丰种业股份有限公司、福建省农业科学院水稻研究所、安徽荃丰种业科技有限公司、福建农林大学作物遗传改良研究所	2019
119	水稻	元两优 676	元亨 S×福恢 676	福建禾丰种业股份有限公司、福建省农业科学院水稻研究所	2019
120	水稻	赣 73 优明占	赣 73A×双抗明占	三明市农业科学研究院、江西省农业科学院水稻研究所、福建六三种业有限责任公司	2019
121	水稻	农优 683	农香 A×福恢 683	福建省农业科学院水稻研究所、福建农林大学作物科学学院、福建禾丰种业股份有限公司	2019
122	水稻	T 两优 653	T108S×旺恢 653	福建旺福农业发展有限公司	2019
123	水稻	T 两优 4159	T108S×明恢 4159	福建六三种业有限责任公司、福建旺福农业发展有限公司、三明市农业科学研究院	2019

（续表）

序号	作物	品种名称	品种来源	选育单位	审定年份
124	水稻	荟丰优 3545	荟丰 A×闽恢 3545	福建省农业科学院生物技术研究所、科荟种业股份有限公司	2019
125	水稻	荟丰优 5478	荟丰 A×荟恢 5478	科荟种业股份有限公司	2019
126	水稻	臻优 683	臻达 A×福恢 683	福建禾丰种业股份有限公司、福建省农业科学院水稻研究所、福建农林大学作物科学学院	2019
127	水稻	明 2 优明占	明 2A×双抗明占	福建六三种业有限责任公司、三明市农业科学研究院	2019
128	水稻	金泰优明占	金泰 A×双抗明占	福建农林大学作物科学学院、三明市农业科学研究院、广西万千种业有限公司	2019
129	水稻	金泰优 2453	金泰 A×金恢 2453	福建农林大学作物科学学院	2019
130	水稻	安丰优 3510	安丰 A×闽恢 3510	福建省农业科学院生物技术研究所、广东省农业科学院水稻研究所	2019
131	水稻	B 两优 164	Bph68S×明恢 164	三明市农业科学研究院、武汉大学生命科学学院、福建六三种业有限责任公司	2019
132	水稻	内 10 优 164	内香 10A×明恢 164	三明市农业科学研究院、内江杂交水稻科技开发中心、福建六三种业有限责任公司	2019
133	水稻	福农优 9802	福农 A×粤恢 9802	福建省农业科学院水稻研究所、广东粤良种业有限公司	2019
134	水稻	荃优 639	荃 9311A×福恢 639	福建省农业科学院水稻研究所、安徽荃丰种业科技有限公司、福建禾丰种业股份有限公司、福建农林大学作物遗传改良研究所	2019

（续表）

序号	作物	品种名称	品种来源	选育单位	审定年份
135	水稻	泸优 6169	泸香 618A×乐恢 6169	福建农乐种业有限公司、四川省农业科学院水稻高粱研究所	2019
136	水稻	野香优 639	野香 A×福恢 639	福建禾丰种业股份有限公司、福建省农业科学院水稻研究所、广西绿海种业有限公司、福建农林大学作物遗传改良研究所	2019
137	水稻	澜优粤禾丝苗	澜达 A×粤禾丝苗	福建省农业科学院水稻研究所、广东省农业科学院水稻研究所、四川台沃种业有限责任公司	2019
138	水稻	宁 12 优 6169	宁 12A×乐恢 6169	福建农乐种业有限公司、宁德市农业科学研究所	2019
139	水稻	谷优 366	谷丰 A×R366	福建旺穗种业有限公司、福建省农业科学院水稻研究所	2019
140	水稻	潢优 164	潢达 A×明恢 164	福建农乐种业有限公司、福建省农业科学院水稻研究所、三明市农业科学研究院	2019
141	水稻	伍天优 713	伍天 A×R713	福建神农大丰种业科技有限公司、泉州市农业科学研究所	2019
142	水稻	谷优 6866	谷丰 A×禾恢 6866	福建禾丰种业股份有限公司、福建省农业科学院水稻研究所	2019
143	水稻	聚两优 5336	RGD-7S×闽恢 5336	科荟种业股份有限公司、广东省农业科学院水稻研究所	2019
144	水稻	农优 212	农香 A×福恢 212	福建省农业科学院水稻研究所	2019
145	水稻	神农优红丝苗（区试名：原优红 33）	神农 4A×红丝苗	福建旺穗种业有限公司、广东泽丰农业发展有限公司	2019
146	水稻	明轮臻占	三明显性核不育株/明 1101	三明市农业科学研究院	2019

（续表）

序号	作物	品种名称	品种来源	选育单位	审定年份
147	水稻	菁农 S	广占 63s//广占 63s/粳籼 74	科荟种业股份有限公司、福建省农业科学院生物技术研究所	2019
148	水稻	福昌 1A	福丰 1A/福昌 1B	福建省农业科学院水稻研究所	2019
149	水稻	旗 2A	II-32A/旗 2B	福建省农业科学院水稻研究所	2019
150	水稻	闽 1303S	HD9802S/闽早恢 6101	福建省农业科学院生物技术研究所、科荟种业股份有限公司	2019
151	水稻	律达 A	全丰 A/律达 B（岳 4B/谷丰 B//岳 4B）	福建省农业科学院水稻研究所	2019
152	水稻	涵丰 A	金抗 A/涵丰 B（广抗 13B/泸香 618B）	福建农林大学作物科学学院	2019
153	水稻	伍天 A	泉 5A/伍天 B（泉 5B/天丰 B）	泉州市农业科学研究所	2019
154	水稻	闽农糯 6A	深 97A/闽农糯 6B（粤丰 B/深 97B 杂交组合 BC_5F_5 诱变糯质突变体）	福建农林大学作物遗传改良研究所	2019
155	水稻	春 S	湘陵 750S//HD9802S/早优 143	建瓯市厚积农业科学研究所	2019
156	水稻	元亨 S	RGD-7S///宜香 1B//U04/宜香 1B	福建省农业科学院水稻研究所	2019
157	水稻	遂 S	C815S/BC4012	三明市农业科学研究院	2019
158	水稻	荟农 S	培矮 64s//培矮 64s/D62B	科荟种业股份有限公司	2019

（续表）

序号	作物	品种名称	品种来源	选育单位	审定年份
159	水稻	澜达 A	全丰 A/澜达 B（恒达 B//9Hu03/恒达 B）	福建省农业科学院水稻研究所	2019
160	水稻	福祥 1A	IR58025A/福祥 1B	福建省农业科学院水稻研究所	2019
161	水稻	272S	金山 S-2/金山 1B//金山 1B	福建农林大学作物科学学院	2019
162	水稻	明禾 A	钱江 A/明禾 B（元丰 B/广抗 13B）	三明市农业科学研究院	2019
163	水稻	闽红 249S	Gn107S/GF03018	福建省农业科学院水稻研究所	2019
164	水稻	红 19S	SG18（SE21/江西红米）/P02（菲一//辐太/密阳 23）	福建省农业科学院水稻研究所、福建旺穗种业有限公司	2019
165	水稻	紫 392S	Gn040187//SE152S/鸭血糯	福建省农业科学院水稻研究所	2019
166	水稻	禾 9S（原名：茂 S）	RGD-7s//Y58s/M125B	福建农林大学作物科学学院	2019
167	水稻	双园 A	珍汕 97A/双园 B（金龙占//珍汕 97B/佳辐占///特 B）	厦门大学生命科学学院	2019
168	水稻	民优 919	民源 A×福恢 919	福建省农业科学院水稻研究所	2018
169	水稻	潢优 308	潢达 A×广恢 308	福建禾丰种业股份有限公司、福建省农业科学院水稻研究所、广东省农业科学院水稻研究所、福建兴禾种业科技有限公司	2018
170	水稻	旺两优 338（区试名：T 两优 338）	旺 9S（原名：T528S）×旺恢 338	福建旺穗种业有限公司、福建省农业科学院水稻研究所	2018

（续表）

序号	作物	品种名称	品种来源	选育单位	审定年份
171	水稻	广两优 927	广占 63-4S×乐恢 927	福建农乐种业有限公司	2018
172	水稻	广 8 优 676	广 8A×福恢 676	福建省农业科学院水稻研究所、中种集团福建农嘉种业股份有限公司、中国种子集团有限公司	2018
173	水稻	M76 优 212	M76A×福恢 212	福建亚丰种业有限公司、福建省农业科学院水稻研究所、福建农林大学作物科学学院	2018
174	水稻	福农优 676	福农 A×福恢 676	福建省农业科学院水稻研究所、福建禾丰种业股份有限公司	2018
175	水稻	荃优 212	荃 9311A×福恢 212	福建省农业科学院水稻研究所、安徽荃银高科种业股份有限公司	2018
176	水稻	广两优 769	广占 63-4S×南恢 769	福建省南平市农业科学研究所	2018
177	水稻	金岩优 2050（原名：118 优 2050）	金岩 A（原名：118A）×金恢 2050	福建农林大学作物科学学院、中种集团福建农嘉种业股份有限公司	2018
178	水稻	荃优 175	荃 9311A×南恢 175	福建省农业科学院水稻研究所、安徽荃银高科种业股份有限公司、中国种子集团有限公司福建分公司、中国种子集团有限公司、福建农林大学作物科学学院、福建省南平市农业科学研究所	2018
179	水稻	内 6 优 673	内香 6A×福恢 673	福建省农业科学院水稻研究所、内江杂交水稻科技开发中心	2018
180	水稻	天优 109	天丰 A×漳恢 109	漳州市农业科学研究所、广东省农业科学院水稻研究所	2018

（续表）

序号	作物	品种名称	品种来源	选育单位	审定年份
181	水稻	晶两优 534	晶 4155S×R534	袁隆平农业高科技股份有限公司、广东省农业科学院水稻研究所、深圳隆平金谷种业有限公司、湖南隆平高科种业科学研究院有限公司	2018
182	水稻	泰优 2165	泰丰 A×福恢 2165	福建省农业科学院水稻研究所、广东省农业科学院水稻研究所	2018
183	水稻	内 6 优 7075	内香 6A×福恢 7075	福建省农业科学院水稻研究所、内江杂交水稻科技开发中心、福建省福瑞华安种业科技有限公司	2018
184	水稻	两优 7283	272S×福恢 683	福建农林大学作物科学学院、福建省农业科学院水稻研究所	2018
185	水稻	嘉糯 6 优 8 号	嘉农 wx6A×嘉糯恢 8 号	福建农林大学作物遗传改良研究所	2018
186	水稻	闽红两优 3 号	闽红 249S×福恢 673	福建省农业科学院水稻研究所、中种集团福建农嘉种业股份有限公司	2018
187	水稻	闽红两优 727	闽红 249S×成恢 727	福建亚丰种业有限公司、福建省农业科学院水稻研究所、四川省农业科学院作物研究所	2018
188	水稻	紫两优 3 号	紫 392S×福恢 673	福建省农业科学院水稻研究所、中种集团福建农嘉种业股份有限公司	2018
189	水稻	泰优 202	泰丰 A×福恢 202	福建省农业科学院水稻研究所、广东省农业科学院水稻研究所	2016
190	水稻	湘早 143	粪品 6-29/95 早鉴 109	湖南省水稻研究所、湖南金健种业有限责任公司	2016
191	水稻	台粳 140	中国台湾引进	莆田市种子管理站	2016

（续表）

序号	作物	品种名称	品种来源	选育单位	审定年份
192	水稻	M76优3301	M76A×闽恢3301	福建农林大学作物科学学院、福建省农业科学院生物技术研究所	2016
193	水稻	赣优676	赣香A×福恢676	福建兴禾种业科技有限公司、福建省农业科学院水稻研究所、江西省农业科学院水稻研究所	2016
194	水稻	元优202（区试名：元丰优202）	元丰A×福恢202	福建旺穗种业有限公司、福建省农业科学院水稻研究所、三明市农业科学研究院	2016
195	水稻	元优2105	元丰A×福恢2105	福建省农业科学院水稻研究所、三明市农业科学研究院	2016
196	水稻	福优366（区试名：福丰优366）	福兴1A×R366-1	福建省农业科学院水稻研究所、福州农丰源种业有限公司	2016
197	水稻	旗1优366	旗1A×R366	福建省农业科学院水稻研究所、福建吉奥种业有限公司	2016
198	水稻	福龙两优6387	福龙S2×龙恢6387	龙岩市农业科学研究所、中国种子集团有限公司三亚分公司	2016
199	水稻	华两优673（区试名：华丰两优673）	华福S（原名：华丰S）×福恢673	中种集团福建农嘉种业股份有限公司、福建省农业科学院水稻研究所	2016
200	水稻	宜优2013	宜香1A×东南恢2013	福建省农业科学院水稻研究所	2016
201	水稻	钩优727	钩达A×成恢727	福建兴禾种业科技有限公司、福建省农业科学院水稻研究所、四川省农业科学院作物研究所	2016

（续表）

序号	作物	品种名称	品种来源	选育单位	审定年份
202	水稻	泰优 2328（区试名：泰丰优 2328）	泰丰 A×福恢 2328	福建省农业科学院水稻研究所、广东省农业科学院水稻研究所	2016
203	水稻	隆两优华占	隆科 638S×华占（SC2-S6 测恢系选）	漳州市星月农业种植有限公司、漳州市种子管理站	2016
204	水稻	臻优 177	臻达 A×成恢 177	福建亚丰种业有限公司、福建省农业科学院水稻研究所、四川省农业科学院作物研究所	2017
205	水稻	野香优航 148	野香 A×航 148	福建兴禾种业科技有限公司、福建省农业科学院水稻研究所、广西绿海种业有限公司、福建禾丰种业股份有限公司	2017
206	水稻	民优 667	民源 A×福恢 667	福建省农业科学院福州国家水稻改良分中心、福建省农业科学院水稻研究所	2017
207	水稻	繁优 676	繁源 A×福恢 676	福建省农业科学院水稻研究所	2017
208	水稻	恒丰优 342	恒丰 A×福恢 342	福建省农业科学院水稻研究所、广东粤良种业有限公司	2017
209	水稻	炳优 6028	炳 1A×福恢 6028	福建兴禾种业科技有限公司、福建省农业科学院水稻研究所、湖南杂交水稻研究中心	2017
210	水稻	谷优 644	谷丰 A×R644	福州市闽佳农作物科学研究所、福建省农业科学院水稻研究所	2017
211	水稻	广优 688	广抗 13A×南恢 688	福建省南平市农业科学研究所	2017

（续表）

序号	作物	品种名称	品种来源	选育单位	审定年份
212	水稻	齐两优 676	033S×福恢 676	福建禾丰种业股份有限公司、福建省农业科学院水稻研究所	2017
213	水稻	T 两优 164	T108S×明恢 164	福建六三种业有限责任公司、福建旺福农业发展有限公司、三明市农业科学研究院	2017
214	水稻	谷优 676	谷丰 A×福恢 676	福建兴禾种业科技有限公司、福建省农业科学院水稻研究所、福建禾丰种业股份有限公司	2017
215	水稻	荟丰优 3301	荟丰 A×闽恢 3301	福建科荟种业股份有限公司	2017
216	水稻	野香优 676	野香 A×福恢 676	福建兴禾种业科技有限公司、福建省农业科学院水稻研究所、广西绿海种业有限公司、福建禾丰种业股份有限公司	2017
217	水稻	广两优 6869	广占 63-4S×禾恢 6869	福建禾丰种业股份有限公司	2017
218	水稻	臻优 727	臻达 A×成恢 727	福建省农业科学院水稻研究所、四川省农业科学院作物研究所、福建农科农业良种开发有限公司	2017
219	水稻	聚两优 696	RGD-7S×福恢 696	福建省农业科学院水稻研究所、广东省农业科学院水稻研究所	2017
220	水稻	两优 3995	HS-3×JXR995	福建农林大学作物科学学院、福建农科农业良种开发有限公司	2017
221	水稻	聚两优 676	RGD-7S×福恢 676	福建省农业科学院水稻研究所、广东省农业科学院水稻研究所、福建禾丰种业股份有限公司	2017

（续表）

序号	作物	品种名称	品种来源	选育单位	审定年份
222	水稻	T 两优明占	T108S×双抗明占	福建六三种业有限责任公司、三明市农业科学研究院、福建旺福农业发展有限公司	2017
223	水稻不育系	智农 S	C815S//C815S/629B	科荟种业股份有限公司	2018
224	水稻不育系	茉 01S	广占 63s/天丰 B	科荟种业股份有限公司、福建省农业科学院生物技术研究所	2018
225	水稻不育系	旺 9S（原名：T528S）	86315S/广占 63-4S	福建旺穗种业有限公司、福建省农业科学院水稻研究所	2018
226	水稻不育系	宁 12A	谷丰 A/宁 12B（宁 94B/IR58025B）	宁德市农业科学研究所	2018
227	水稻不育系	福农 A	谷丰 A/福农 B（福稻 B/华航丝苗）	福建省农业科学院水稻研究所	2018
228	水稻不育系	潢达 A	Ⅱ-32A/潢达 B（泸香 90B/佳辐占）	福建省农业科学院水稻研究所	2018
229	水稻不育系	利达 A	珍汕 97A/利达 B（D62B/IR58025B）	福建省农业科学院水稻研究所、中国种子集团有限公司	2018
230	水稻不育系	明 1A	泸香 618A/明 1B（泸香 618B/BC3036//泸香 618B）	三明市农业科学研究院	2018
231	水稻不育系	明 2A	赣香 A/明 2B（BC3043/赣香 B//泸香 618B）	三明市农业科学研究院	2018

（续表）

序号	作物	品种名称	品种来源	选育单位	审定年份
232	水稻不育系	荟丰 A	金 23A /荟丰 B（天丰 B/IR58025B//金 23B）	福建科荟种业股份有限公司	2017
233	水稻不育系	金岩 A	新香 A/金岩 B（金山 B-2/D62B 的后代）	福建农林大学作物科学学院、中种集团福建农嘉种业股份有限公司	2017
234	水稻不育系	华福 S（原名：华丰 S）	MS6/SF02058//SG030152	福建省农业科学院水稻研究所	2016
235	水稻不育系	钧达 A	珍汕 97A//D62B/IR58025B	福建省农业科学院水稻研究所	2016
236	水稻不育系	臻达 A	珍汕 97A//泸香 90B/佳辐占	福建省农业科学院水稻研究所	2016
237	水稻不育系	福田 1A（原名：福丰 1A）	IR58025A////58025B//58025B/IR200WS016///IR79121	福建省农业科学院水稻研究所	2016
238	水稻不育系	福兴 1A（原名：福丰 5A）	漳浦野生稻/938//938///I133S/938//938	福建省农业科学院水稻研究所、福建师范大学	2016
239	水稻不育系	旗 1A	II-32A///佳辐占/龙特浦 B//龙特浦 B	福建省农业科学院水稻研究所、福建师范大学	2016
240	水稻不育系	T108S	C815S/培矮 64S//广占 63S	福建建瓯市旺福种业有限公司	2016
241	玉米	闽甜 736	闽甜系 T1-73×TR06	福建省农业科学院作物研究所、福建省农业科学院生物技术研究所	2020
242	玉米	珍白甜 6 号	T13-2×BT67	南平市建阳区晓富种子有限公司、福建农华圣高科农业发展有限公司	2020

（续表）

序号	作物	品种名称	品种来源	选育单位	审定年份
243	玉米	双甜 2018	TNS0321×TBS1006	福建超大现代种业有限公司	2020
244	玉米	荟甜 188	T1-1×J88	科荟种业股份有限公司	2020
245	玉米	珍甜糯 108	XN1267×XN1216	南平市建阳区晓富种子有限公司、福建农华圣高科农业发展有限公司	2020
246	玉米	闽双色 5 号	闽甜系 G23×闽甜系 AS67	福建省农业科学院作物研究所	2019
247	玉米	荟甜 192	T197×T23	福建科荟种业股份有限公司	2019
248	玉米	万鲜甜 159	WT015×WT059	福州万丰种业有限公司	2019
249	玉米	珍珍糯 600	XF1208×滨 17	南平市建阳区晓富种子有限公司、福建农华圣高科农业发展有限公司	2019
250	玉米	闽花甜糯 136	糯系 tk1×甜系 tc3	福建省农业科学院作物研究所	2019
251	玉米	翠甜 199	T197×X90-1	科荟种业股份有限公司	2018
252	玉米	彩糯 17322	NB17-2×天 6-322-2	福建省农业科学院作物研究所	2018
253	玉米	翠糯 163	HY778×华香糯	科荟种业股份有限公司	2018
254	玉米	闽糯 811	闽糯系 YK11×闽糯系 JK8	福建省农业科学院作物研究所、福建省农业科学院生物技术研究所	2018
255	玉米	甜糯 133	改 01-1b×中 ZIP233	福建省农业科学院作物研究所、浙江省东阳玉米研究所	2018
256	玉米	闽甜 683	闽甜系 688×闽甜系 J-3	福建省农业科学院作物研究所	2017

（续表）

序号	作物	品种名称	品种来源	选育单位	审定年份
257	玉米	永珍七号	CDYM1105×CDYM0894	福建超大现代种业有限公司	2016
258	玉米	闽甜 6855	闽甜系 688×闽甜系 0155	福建省农业科学院作物研究所	2016

表 2-4　“十三五”期间福建省通过国家审定的主要农作物品种

序号	审定编号	品种名称	品种来源	育种者
1	国审稻 20170070	谷优 168	谷丰 A×六恢 168	福建六三种业有限责任公司、福建省农业科学院水稻研究所
2	国审稻 20180020	聚两优 676	RGD-7S×福恢 676	福建省农业科学院水稻研究所、广东省农业科学院水稻研究所、福建禾丰种业股份有限公司
3	国审稻 20180033	科两优 826	科 1S×R826	福建超大现代种业有限公司
4	国审稻 20180035	隆两优 1318	隆科 638S×R1318	福建科力种业有限公司、湖南亚华种业科学研究院、安徽隆平高科种业有限公司、湖南隆平高科种业科学研究院有限公司
5	国审稻 20180097	K 两优 369	K12S×H369	福建丰田种业有限公司
6	国审稻 20180105	K 两优 1269	K12S×南恢 769	福建省南平市农业科学研究所
7	国审稻 20186034	川绿优 105	川绿 389A×泸恢 105	科荟种业股份有限公司、四川省农业科学院水稻高粱研究所、四川省农业科学院作物研究所
8	国审稻 20186035	荟丰优 5438	荟丰 A×闽恢 5438	科荟种业股份有限公司
9	国审稻 20186036	科两优 211	科 S×博恢 211	科荟种业股份有限公司、湖南科裕隆种子研究所有限公司、四川华元博冠生物育种有限责任公司
10	国审稻 20186069	川谷优 600	川谷 A×蜀恢 600	科荟种业股份有限公司、四川农业大学水稻研究所

（续表）

序号	审定编号	品种名称	品种来源	育种者
11	国审稻 20186070	聚两优 5476	RGD-7S×荟恢 476	科荟种业股份有限公司、广东省农业科学院水稻研究所
12	国审稻 20186071	智两优 5336	智农 S×闽恢 5336	科荟种业股份有限公司
13	国审稻 20186072	智两优 5476	智农 S×荟恢 476	科荟种业股份有限公司
14	国审稻 20186122	安丰优 5466	安丰 A×荟恢 466	科荟种业股份有限公司、广东省农业科学院水稻研究所
15	国审稻 20186123	安丰优 6101	安丰 A×闽早恢 6101	科荟种业股份有限公司、广东省农业科学院水稻研究所
16	国审稻 20186124	泰丰优 218	泰丰 A×博恢 218	科荟种业股份有限公司、广东省农业科学院水稻研究所、四川华元博冠生物育种有限责任公司
17	国审稻 20186125	五丰优 5466	五丰 A×荟恢 466	科荟种业股份有限公司、广东省农业科学院水稻研究所
18	国审稻 20190086	糯两优 7 号	闽糯 1S×嘉糯恢 7 号	福建农林大学作物遗传改良研究所、垦丰长江种业科技有限公司
19	国审稻 20190103	两优 3108	N484S×R3108	福建科力种业有限公司、合肥信达高科农业科学研究所
20	国审稻 20190106	诺两优 6 号	诺 403S×R862	福建科力种业有限公司、合肥信达高科农业科学研究所
21	国审稻 20190107	F 两优 1252	F168S×R1252	福建科力种业有限公司、合肥信达高科农业科学研究所
22	国审稻 20190108	两优 1288	N15S×南恢 1288	福建省南平市农业科学研究所、福建君和生物科技有限公司、武夷山科力兴种业有限公司
23	国审稻 20190112	谷优 6866	谷丰 A×禾恢 6866	福建禾丰种业股份有限公司、福建省农业科学院水稻研究所
24	国审稻 20190114	潢优 676	潢达 A×福恢 676	福建禾丰种业股份有限公司、福建省农业科学院水稻研究所
25	国审稻 20196046	蓉 6 优 505	蓉 6A×蜀恢 505	科荟种业股份有限公司、四川农业大学水稻研究所、成都市农林科学院作物研究所

（续表）

序号	审定编号	品种名称	品种来源	育种者
26	国审稻20196047	荟丰优713	荟丰A×博恢713	科荟种业股份有限公司、四川华元博冠生物育种有限责任公司
27	国审稻20196048	福农优3301	福农A×闽恢3301	科荟种业股份有限公司、福建省农业科学院水稻研究所
28	国审稻20196133	荟两优5466	荟农S×荟恢466	科荟种业股份有限公司
29	国审稻20196134	冈8优316	冈48A×蜀恢316	科荟种业股份有限公司、四川华元博冠生育种有限责任公司
30	国审稻20196163	川浙优丝苗	川浙A×五山丝苗	科荟种业股份有限公司、四川农业大学水稻研究所、广东省农业科学院水稻研究所、安徽荃银高科种业股份有限公司
31	国审稻20196164	闽两优5466	闽1303S×荟恢466	科荟种业股份有限公司、福建省农业科学院生物技术研究所
32	国审稻20200166	两优180	N15S×南恢180	福建省南平市农业科学研究所、武夷山科力兴种业有限公司、福建君和生物科技有限公司
33	国审稻20200176	君两优198	君S×R198	福建君和生物科技有限公司、福建丰田种业有限公司、武夷山科力兴种业有限公司
34	国审稻20200178	荃优164	荃9311A×明恢164	三明市农业科学研究院、安徽荃银高科种业股份有限公司、福建六三种业有限责任公司
35	国审稻20200184	荟丰优3545	荟丰A×闽恢3545	福建省农业科学院生物技术研究所、福建科荟种业股份有限公司
36	国审稻20200195	徽两优8966	1892S×M华166	福建省福瑞华安种业科技有限公司、安徽省农业科学院水稻研究所
37	国审稻20200220	谷优366	谷丰A×R366	福建旺穗种业有限公司、福建省农业科学院水稻研究所
38	国审稻20200262	诺两优6号	诺403S×R862	福建科力种业有限公司、合肥信达高科农业科学研究所
39	国审稻20206012	荟丰优6101	荟丰A×闽早恢6101	科荟种业股份有限公司

（续表）

序号	审定编号	品种名称	品种来源	育种者
40	国审稻20206044	川农稻1518	五山丝苗/川浙B	科荟种业股份有限公司、四川农业大学水稻研究所
41	国审稻20206045	冈8优851	冈48A×博恢851	科荟种业股份有限公司、四川农大高科种业有限公司
42	国审稻20206046	华元3优218	华元3A×博恢218	科荟种业股份有限公司、四川农大高科种业有限公司
43	国审稻20206047	荟丰优466	荟丰A×荟恢466	科荟种业股份有限公司
44	国审稻20206048	智两优618	智农S×荟恢618	科荟种业股份有限公司
45	国审稻20206049	智两优533	智农S×荟恢533	科荟种业股份有限公司
46	国审稻20206098	福泰736	粳籼89/IR36	科荟种业股份有限公司
47	国审稻20206099	冈8优517	冈48A×博恢517	科荟种业股份有限公司、四川农大高科种业有限公司
48	国审稻20206100	荟丰优533	荟丰A×荟恢533	科荟种业股份有限公司
49	国审稻20206101	智两优475	智农S×荟恢475	科荟种业股份有限公司
50	国审稻20206102	智两优615	智农S×荟恢615	科荟种业股份有限公司
51	国审稻20206171	川浙优536	川浙A×荟恢536	科荟种业股份有限公司、四川农业大学水稻研究所
52	国审稻20206172	秾谷优533	秾谷A×荟恢533	科荟种业股份有限公司、福建省农业科学院生物技术研究所
53	国审稻20206187	福泰768	南油占/珍泉10号	科荟种业股份有限公司
54	国审稻20206188	谷优466	谷丰A×荟恢466	科荟种业股份有限公司、福建省农业科学院水稻研究所
55	国审稻20206189	杉两优533	杉农S×荟恢533	科荟种业股份有限公司

（续表）

序号	审定编号	品种名称	品种来源	育种者
56	国审稻 20206190	泰谷优 533	泰谷 A×荟恢 533	科荟种业股份有限公司
57	国审玉 20180363	闽双色 4 号	闽甜系 G73×闽甜系 AS67	福建省农业科学院作物研究所
58	国审玉 20200498	双甜 2018	TNS0321×TBS1006	福建超大现代种业有限公司
59	国审玉 20200523	闽双色 6 号	闽甜系 T146×闽甜系 AS67	福建省农业科学院作物研究所
60	国审玉 20200539	闽甜糯 816	闽糯系 Nd1011×闽甜系 Tc3	福建省农业科学院作物研究所

“十三五”期间，福建种业企业实力不断壮大，研发能力不断增强，种业企业选育新品种占全省审定及登记品种的 60%，成为种业研发创新的主要力量。涌现了福建超大、福建金品等一批省级重点种子企业，福建天力种业有限公司成为全国最大杂交稻制种公司，科荟种业、农友种苗成为国家级育繁推一体化种子生产经营许可企业，科荟种业获得第一家全国杂交水稻出口种子基地的认证，农友种苗、中厦种籽、福建金品被中国种子协会评为中国蔬菜种业骨干诚信企业，文兴种苗、中厦种籽的花椰菜种子供应量占全国 60% 以上。

（一）粮食作物种质创新与新品种选育

1. 水　稻

福建省水稻、玉米、甘薯、马铃薯等粮食作物的遗传改良取得了显著成效。纯系选择育种、杂交育种、诱变育种、倍性育种、组培育种、分子标记辅助选择等技术成为卓有成效的育种方法，育成了综合“四性”（高产、优质、抗逆和广适）在较高水平上的粮食作物新品种。

由三明市农业科学研究院选育的明轮臻占和福建省农业科学院水稻研究所选育的宜优嘉 7 两个优质稻品种荣获第二届全国优质稻品种食味品质鉴评籼稻品种金奖。由福建省农业科学院水稻研究所选育的福香占，兼具优质、抗病、具香味、耐贮藏等多种优良性状，荣获第三届全国优质稻品种食味品质鉴评籼稻品种金奖。此外，福建省农业科学院水稻研究所选育的野香优744和科荟种业股份有限公司选育的金油占等品种在鉴评中也表现不俗的成绩。

由福建省农业科学院水稻研究所承担的“再生稻高产高效生产关键技术创新与应用”项目，筛选出两优616等13个强再生力品种，育成内6优7075等7个强再生力新品种，创建了以“双调双控”为核心的再生稻高效生产关键技术体系，累计新增经济效益12.03亿元，项目获得2019年度福建省科技进步奖一等奖。

由福建省农业科学院水稻研究所选育的长粒优质杂交水稻泰丰优2098等7个品种在杂交水稻长粒与整精米率协调方面的研究达到国际领先水平，在福建省内累计为社会提供6.17亿公斤优质米，项目获得2018年度福建省科技进步奖二等奖。

福建省农业科学院水稻研究所围绕育种材料创新、育种技术更新、生态竞优择新、交流协作出新，积极探索优质稻种质材料创制与新品种选育。在2018年育成福建省首个具有自主知识产权、米质达部颁一等米的杂交中稻新品种荃优212后，2020年在杂交稻优质品种选育上再创佳绩，育成的早稻新品种潢优粤禾丝苗和晚稻新品种野香优744米质均达部颁一等米标准。潢优粤禾丝苗和野香优744两个品种的育成，实现了早、中、晚杂交稻均有一等米新品种供生产应用。

福建三明水稻制种产业发展取得显著成绩，杂交水稻制种面积、总产量分别约占全国的18%和20%，三明市“中国稻种基地”先后获得福建省和国家发改委的支持，列入国家“十四五”农业发展规划。位于三明市建宁县的天力种业，目前是全国最大的从事杂交水稻种子生产研究的专业性公司，年制种6万多亩。建宁县现代农业产业园成功入围2020年国家现代农业产业园创建名单，成为福建省首个以种业为主导产业创建的国家现代农业产业园。建宁是国家级杂交水稻制种超级大县，2019年，全县杂交水稻制种规模达到14.7万亩，可供应2 400万亩的杂交水稻种植，我国每10粒杂交水稻种子，就有1粒来自建宁，是名副其实的中国杂交水稻制种第一大县。

2. 甘薯、马铃薯

针对两薯产业问题，从2017年起，福建省农业科学院作物研究所承担了福建省科技重大专项专题“薯类（甘薯、马铃薯）新品种选育及安全高效栽培技术研究”，通过12家科研推广单位和企业的3年努力，取得重大进展。项目先后鉴定和保存甘薯资源527份、马铃薯资源176份，构建了甘薯、马铃薯育种核心种质库，育成5个甘薯新品种和3个马铃薯新品种通过国家非主要农作物品种登记，申报植物新品种权4个；研发南方高海拔马铃薯杂交育种技术1套，制定甘薯、马铃薯种薯（苗）健康繁育和高效安全栽培技术规程5项；研发履带自走式起垄机和甘薯收获机各1套；建立甘薯、马铃薯百亩示范片16个；福莱薯23号（国品鉴甘薯2016030）口感鲜嫩爽滑、食味清香，是我国第一个也是唯一一个通过国家鉴定的紫叶色叶菜用甘薯品种。

泉州市农业科学研究所创新培育甘薯优良品种（系），育成了具有核心竞争力的甘薯新品种泉薯9号，该品种高淀粉、高产、优质、抗病，适于淀粉加工和鲜薯食用，在南方薯区和长江流域竞争力强，先后通过福建省和国家农作物品种审（鉴）定，项目获得2017年度福建省科技进步奖二等奖。

3. 玉　米

福建省农业科学院作物研究所通过甜玉米杂种优势类群划分、分子标记鉴定等育种手段，组配出丰产性好、品质较优、中抗纹枯病的甜玉米品种闽甜6855，通过福建省审定（闽审2016003），并在广东、海南和浙江等地引种备案，2016—2019年，累计推广33.66万亩，增加社会经济效益2.67亿元，其中，2019年在福建推广面积占全省甜玉米种植面积的33.13%，为当年甜玉米推广面积最大的品种。该所选育的甜玉米品种闽双色6号具有良好的产量和品质性状，应用推广价值前景良好。闽双色6号和闽甜6855均通过国家审定，并分别获得2019年中国鲜食玉米大会鉴评“综合表现特等奖”。

福建金苗种业有限公司选育的甜玉米新品种雪甜7401和晶煌17号分别获得2020年全国玉米品种大会田间评选“全国十佳甜玉米品种”和“全国十大潜力甜玉米品种”。科荟种业股份有限公司和福建省农业科学院作物研究所选育的荟甜8号获得2020年全国玉米品种大会“全国十大潜力甜玉米品种”。

4. 花生、大豆

由福建农林大学承担的“花生抗黄曲霉优质高产育种与分子育种技术的研究和应用”项目，创制了抗黄曲霉、高蛋白、优质高产食用加工型花生新品种10个，耐低钙、高油、高产优质油用型花生新品种15个，卓有成效地解决了我国南方花生黄曲霉污染严重、产量低、品质差等的科学问题，项目获得2018年度福建省科技进步奖一等奖。

福建省农业科学院作物研究所采用有性杂交和系谱选育方法，先后育成闽豆6号、闽豆7号、闽豆9号等高产抗病优质菜用大豆新品种，并通过省级审定，其中闽豆6号比对照增产15.86%。

（二）蔬菜种质创新与新品种选育

“十三五”期间，福建省整合科技资源，加大科研投入，协调全省蔬菜种苗企业、涉农科研院校科技人员，加强设施蔬菜适用品种的选育、扩繁和推广，加大设施栽培配套技术研发力度，提高蔬菜产量和质量。“十三五”期间厦门市的种子企业完成非主要农作物品种登记数150多个，引进1 000多个农作物新品种，建立35个示范点，面积1 750亩，展示示范300多个农作物新品种[7]。以福建农林大学、福建省农业科学院、福州市蔬菜研究所为主的科研院校育成了一批蔬菜新品种。“十三五”期间全省共有200多个品种通过福建省品种认定（登记）或国家品种登记。花椰菜、青梗菜、苦瓜、丝瓜、辣椒、设施茄子等大宗蔬菜育种和茎用莴苣（莴笋）、蕹菜、芥菜、芋、淮山等地方特色品种挖掘和产业化应用处于国内领先。“十三五”期间，培育了中厦蔬菜、厦门文兴、厦门农友等年销售额1亿元左右的蔬菜种子公司，以及以青梗菜、蕹菜等主打品种经营的福建金品、万农高科等蔬菜种业龙头企业，农友种苗（中国）有限公司列入国家级“育繁推一体化”农作物种子企业，推动了福建蔬菜种业向育繁推一体化方向发展。

福建农林大学、福建省种子总站、福建金品农业科技有限公司等11家单位承担了国家青梗菜良种重大科研联合攻关项目，建立了保存有1 250份材料的小白菜种质资源库，创制优异亲本材料22份，获得自交不亲和性资源20份，育成了以金品1夏和金品535为代表的8个具有自主知识产权的耐热优质多抗新品种，依托“金品”品牌进行产业化开发，成果在全国10多个省推广252万亩，3年新增11.2亿元。项目获得2020年度福建省科技进步奖二等奖。

由福建省农业科学院作物研究所承担的“丝瓜耐褐变育种技术创新与新品种选育”研究，育成农福丝瓜601、农福丝瓜801、福研1号、福研2号、福研3号耐褐变丝瓜品种5个，均比对照增产10%以上，其中农福丝瓜801早熟、抗病性强、耐低温；福研1号连续坐果性强、品质优，已成为福建省丝瓜的主栽品种，项目获得2018年度福建省科技进步奖二等奖。

由福建农林大学承担的“番茄特色新品种选育与优质栽培关键技术研究及推广

应用”项目，育成5个特优番茄新品种红艳601、福粉1号、福粉108、华美103和PT1575，具有早熟、耐裂、耐低温、耐贮藏、抗病、产量高等优点，项目成果在全国10多个省（区）累计推广452万亩，新增经济效益3.4亿元，项目获得2019年度福建省科技进步奖二等奖。

闽椒3号、闽椒4号是福建农林大学作物科学学院、惠安县农业科学研究所培育的早中熟辣椒杂交种。闽椒3号春季栽培从定植到始收55天左右，产量较高，果肉嫩脆，味微甜、中辣，品质较优；闽椒4号春季栽培从定植到始收50天左右，连续结果力强，坐果率高，产量表现优秀，露地栽培亩产3 800公斤，大棚栽培亩产5 000公斤。

（三）果树种质创新与新品种选育

福建省在加快枇杷、龙眼、莲雾、橄榄、百香果等亚热带果树新品种选育的同时，强化桃、李、葡萄、梨、猕猴桃等短低温落叶果树新品种选育，促进山区果树品种结构调整，扶贫增效。同时针对福建省气候与区域特点，依托收集保存的种质资源，有目的开展果树品种选育。

福建省农业科学院果树研究所选育的香妃枇杷，是我国首个通过全国热带作物品种审定的人工杂交新品种，该品种特晚熟、果实耐热、裂果和皱果发生少、丰产性好、品质优、适应性强，适宜在我国福建、广东、重庆、四川等枇杷产区种植。

福建省农业科学院果树研究所承担的“莲雾良种选育及产业化配套技术研究与应用”项目，从62份国内外莲雾种质中挖掘出质优、裂果率低、耐寒的优异种质7个，选育出南亚热带适栽莲雾良种紫红、农科二号，成为福建省莲雾产业带当家品种；承担“南方李柰种质资源评价与创新利用”项目，通过辐射诱变培育出南方李141等一批优质低需冷量李后备良种。两个项目分别获得2016年度和2018年度福建省科技进步奖二等奖。

福建省农业科学院作物研究所、福州市蔬菜科学研究所构建了26份的福建省草莓育种核心亲本，育成福莓1号、福莓2号2个草莓新品种通过省级认定，是至今为止福建省仅有的自主育成的草莓品种，解决了南方高温条件下草莓种质保存种性退化问题，该项目获得2016年度福建省科技进步奖二等奖。

福建百香果产业技术创新团队，通过对我国台湾农业种苗和配套技术的引进、研发、创新与集成示范推广，筛选出福建百香果1号、福建百香果2号和福建百香果3号3个优势品种，建立万亩标准化生产示范基地，集成推广了一套绿色高效生态生产技术和种植模式，全省百香果种植面积从2016年的4万亩扩大到2020年的30万亩，全产业链产值超过60亿元。

国家葡萄产业技术体系福州综合试验站在福安建立闽东葡萄脱毒苗木组培中心、闽东良种葡萄苗木快繁基地和巨峰无病毒资源圃，开展育种攻关，选育6个葡萄新品种，引进63个国内外优新葡萄品种，葡萄良种化率达99%。

“十三五”期间，福建省科研院校在龙眼、梨、橄榄、黄桃、阳桃、橘柚、猕猴桃及野生果树新品种选育方面也取得了重要的成果，选育出一批优质良种在生产上推广应用。

（四）茶树种质创新与新品种选育

茶叶是福建的特色优势产业，发展历史悠久，文化底蕴深厚，名茶种类众多。多年来，福建省始终坚持绿色发展导向，致力提升品质、打响品牌，全面推进茶产业高质量发展。2020年，福建省茶叶产量、单产、茶树良种推广率、毛茶产值、全产业链产值、国家级龙头企业数量等6项指标均居全国第一。福建茶树种质资源丰富，是茶树品种资源大省，素有“茶树品种宝库”之称。至今福建通过审认定或登记的茶树品种有46个，为全国之最。福建是乌龙茶、红茶、白茶及再加工茶类茉莉花茶的原产地和主产区，生产用种丰富，无性系良种推广率达95%以上，主要为福建省选育的品种如铁观音、福建水仙、福云6号、福鼎大白茶、金观音（茗科1号）、福安大白茶等。

在品种引领方面。一是保护优异资源。组织实施茶树种质资源保护与利用工程，先后在35个县（市、区）建立茶树种质资源圃5个、保护茶树种质资源57个，完善了种质资源保护档案和资料等。积极开展种质资源的开发与利用，建立了全国最大的茶树良种繁育基地——福安甘棠茶树良种繁育基地，并于2019年被农业农村部命名为国家茶树良种繁育基地，每年出圃的茶树良种苗木6亿多株，全省茶树良种化率达98%，同时也为国家中西部发展茶产业实现脱贫致富提供了有力的支持。二是优化品种结构。大力推广高香型和制优率高、适制性好的茶树新品种，如金观音、金牡丹、黄观音等种植面积达25万亩，有力推动福建省茶树品种布局与各产区的地理气候、产业基础、加工茶类、市场取向协调一致。

“十三五”期间，福建农林大学鉴定了114份武夷名丛茶树并分析其遗传多样性，筛选出3份高氨基酸及2份高水浸出物种质，选育出16份优异种质，创制开发出4种新产品，为新品种选育奠定基础；新建专用紫芽茶树资源圃，保存和鉴定紫芽茶树种质20余份，创制紫芽茶树新种质4份。福建省农业科学院茶叶研究所建立了高香型茶树种质早期快速筛选技术，筛选鉴定茶树特早生高香型优异株系3份。福州市经作站选育的榕春早获得2017年度福建省科学技术进步奖。

（五）食用菌种质创新与新品种选育

福建省规模化栽培的食用菌品种有20多个，加工品种资源丰富。全省食用菌育种成果水平居全国前列，双孢蘑菇As2796系列、香菇Cr系列、银耳Tr系列等仍在福建省乃至全国广泛应用，新近选育的绣球菌、真姬菇、灵芝等品种也已逐渐推广至全国，产生了显著的经济效益和社会效益。育成的金针菇、真姬菇、杏鲍菇等食用菌品种综合性状已达到或超过境外进口同类品种，突破了国外品种的垄断，初步解决了长期以来这类品种基本从境外引进的问题。福建三明真菌研究所的银耳纯菌种分离技术、有效菌丝种的生产原理和技术，福建省农业科学院食用菌研究所的同工酶电泳法预测双孢蘑菇菌株特性技术体系均为我国所独有的原创性成果，居世界领先地位。福建农林大学在食用菌生物信息学、基因工程育种等方面走在全国的前列，育成的金针菇、真姬菇、杏鲍菇等品种综合性状均达到或超过国外水平，突破了国外品种的垄断；育成的香菇、黑木耳品种，使工厂化栽培成为可能。

福建省农业科学院食用菌研究所承担的“双孢蘑菇种质创新与新品种W192等的选育及应用”项目，建立了双孢蘑菇不育菌株回交育种技术，育成高产品种W192、福蘑38，产量比主栽品种As2796提高20%～25%，质量相当；育成优质品种W2000，紧实度优于As2796，产量提高10%～15%。W192系列逐渐替代老品种As2796，目前已占到全省双孢蘑菇栽培面积的80%、全国的50%，已成为我国新一代的当家品种。近5年3个新品种在福建省推广6 583万平方米，在全国推广28 794万平方米，带动216万名农村劳力就业，经济、社会与生态效益十分显著；项目获得2019年度福建省科技进步奖二等奖。

福建省农业科学院承担的“高优低镉姬松茸新品种福姬77选育与产业化关键技术”项目，应用^{60}Co与紫外线复合诱变技术选育出高优低镉姬松茸新品种——福姬77，获省级品种认定，与福建主栽品种J1相比，平均产量提高20%以上，镉与铅含量分别降低26.5%、58.6%；农艺性状优异，丰富了福建省主栽品种。项目获得2017年度福建省科技进步奖二等奖。

福建农林大学承担的“灵芝杂交新品种选育及其配套生产技术”项目，通过原生质体单核化技术及灵芝担孢子萌发技术，选育出了芝102、芝120、H23、J-1/AL-12等高产优质灵芝杂交菌株，其中芝102、芝120获得福建省新品种认定，杂交菌株J-1/AL-12适合菌草栽培，杂交菌株H-23富含多糖（16.63毫克/克干重）和三萜（10.50毫克/克干重）且具有良好的生物效率（19.41%）。项目获得2017年度福建省科技进步奖二等奖。

福建农林大学选育的真姬菇闽真3号、闽真5号通过省级品种鉴定，闽真3号、闽真5号都具有生产周期短，同步性好、出菇整齐、品质优、口感好特点，适合工厂化周年栽培。

在第三轮种业工程项目中，由福建农林大学承担的“木生食用菌优良品种选育与产业化应用”课题，培育出的银耳Tr2016、杏鲍菇成杏2015-6、金针菇农万金8号、真姬菇农万真1号等新品种，产量提高了5%～20%，效益显著，并通过了省级鉴定，达到了工厂化栽培的要求，其中农万金8号金针菇和成杏2015-6杏鲍菇可替代进口品种。

（六）家禽种质创新与新品种选育

圣农集团成功研发出国内第一个白羽肉鸡原种鸡配套系——SZ901配套系，自主掌握了白羽肉鸡育种技术，自主培育的白羽肉鸡新品种正式通过农业农村部审定，打破了种源完全依赖进口，标志着中国白羽肉鸡种源“卡脖子”问题的解决。福建圣农育种场已经培育出了8个白羽肉鸡品系，预计能够生产80万套祖代鸡，可满足我国80%的市场需求。

福建省农业科学院畜牧兽医研究所、福建农林大学动物科学学院、福建省畜牧总站、山麻鸭原种场、南靖品原良种公司、连城白鸭原种场等单位培育出了具有自主知识产权的大、中型番鸭新品系，大、中、小型白羽半番鸭亲本新品系，大、中型白改鸭新品系，高产青壳金定鸭新品系，高产青壳山麻鸭新品系，青壳连城白鸭新品系，可完全适应福建鸭规模化生产和市场多元化需求。

福建省农业科学院畜牧兽医研究所承担的“半番鸭种质创新与高效生产关键技术研究及应用”项目，研究出提高半番鸭白羽率及等级的选育方法（ZL201611121107.7），培育出体型较大、产蛋性能良好的白羽半番鸭二元杂交母本 MR 和后代半番鸭白羽等级高的父本全白羽番鸭新品系 P，建立了具有自主产权的显性白羽半番鸭父母本配套系，形成了白羽半番鸭三系配套生产体系，显著提高半番鸭及其亲本生产性能，示范推广白羽半番鸭苗 870.2 万只和母本苗 412.6 万只，发酵床养殖半番鸭 156.5 万只。项目获得 2019 年度福建省科技进步奖二等奖。

福建省农业科学院畜牧兽医研究所首次开展戴云山羊高繁殖力新品系的选育，经过 5 个世代的群体继代选育，育成包含 13 个独立家系的戴云山羊高繁殖力新品系。

（七）园林植物种质创新与新品种选育

杉木是福建省最重要的造林树种，由福建省林业科学研究院等承担的“杉木速生优质高产新品种定向选育研究与应用”项目，开展了系统研究和合作攻关，建立了国家级杉木种质资源异地保存库，构建了多世代育种核心种质群体，建立了第三代良种生产群体，选育出一批速生优质高产新品种，其中生长与材性综合表现优良家系 8 个、杂交组合 5 个，构建了由 493 个优良基因型组成的杉木第四代育种群体，推广良种造林 64.252 万亩，预计可新增产值 21.080 亿元。项目获得 2016 年度福建省科技进步奖一等奖。

福建农林大学承担的“中国特色兰科植物保育与种质创新及产业化关键技术”项目，创制兰科植物与真菌共生技术，建成我国兰科植物种质最多的资源库，培育兰科新品种 82 个，项目荣获 2019 年度国家科技进步奖二等奖；承担的“蝴蝶兰品种创新关键技术与产业化”项目，创新育种体系，创制香花种质，培育具自主知识产权的蝴蝶兰新品种 30 个，培育出香花新种质 11 个，项目获得 2020 年度福建省科技进步奖一等奖。

福建农林大学整合多项育种方法，建立水仙育种体系，获得了一批优良株系，育成了国内仅有的 3 个具有自主知识产权的水仙新品种黄花水仙 2 号、云香水仙、金玉，为花色单一的中国水仙增添了黄花、切花、抗病和香料工业原料类型，拓宽了水仙产品用途。项目获得 2017 年度福建省科技进步奖二等奖。

福建省林业科技试验中心等承担的“红掌新品种选育及产业化关键技术研究与应用”项目，获得农业农村部授权的红掌新品种 3 个，为 12 家花卉企业提供品种和技术支撑，累计推广 1 200万株优质种苗。项目获得 2018 年度福建省科技进步奖二等奖。

福建省农业科学院作物研究所建立了杂交兰育种技术体系，选育出新品种（系）5个，获植物新品种权2个，明确了杂交兰香气主要成分及调控香气形成重要基因，探明了杂交兰叶艺性状形成的生理基础及叶绿素合成相关基因挖掘，建立了杂交兰种苗规模化繁育与质量控制技术体系，建立了杂交兰花期调控与株型控制关键技术体系，累计繁育推广优质种苗1 489万株，生产盆花258万盆，新增产值1.787亿元。

福建农林大学承担的“野鸦椿种质创新和产业化关键技术研究”项目，建成了全国唯一的野鸦椿核心种质库，选育出的美人含首与红宝石2个品种通过国家认定。项目获得2020年度福建省科技进步奖二等奖。

（八）中药材种质创新与新品种选育

福建省农业科学院农业生物资源研究所突破七叶一枝花种子成熟度低及二次休眠破除关键技术，集成仿生态种植技术体系，构建了七叶一枝花优质种苗繁育技术，筛选出适应性强、抗病、有效成分含量高的2份优异种质，近5年在闽赣山区核心区示范推广1.7万亩，产值10.8亿元，示范推广成效获得科技部通报表彰。

福建省农业科学院农业生物资源研究所建立了我国最大的山药种质资源圃，持续系统地开展山药种质资源收集、保存、评价等基础性、长期性的研究工作，育成极具特色的山药新品种明淮1号、明淮2号、阳明山山药3个品种通过福建省农作物品种认定，并克隆出山药抗逆抗病基因，构建山药DNA指纹图谱，为山药种质创新利用提供理论基础。

福建省邵武市二都国有林场等单位筛选出适合闽北山区栽培的尖叶福建金线莲和大叶福建金线莲2个优良种质，建立了林下种植试验示范基地300亩，辐射推广10 500亩，生产销售瓶苗450万瓶，取得良好的产业示范效果，获得国家林业局（2018年3月，更名为国家林业和草原局，下同）授予的“国家林下经济示范基地”称号，项目获得2018年度福建省科技进步奖二等奖。

（九）工业原料作物（甘蔗、油茶）种质创新与新品种选育

由福建农林大学国家甘蔗工程技术研究中心选育的早中熟高产高糖新品种福农

43 号（福农 07-3206）和晚熟高产抗旱新品种福农 40 号于 2016 年通过国家鉴定。福农 43 号品种选自美国引进的花穗种子，植株高大，有效茎数较多，宿根发株率高，宿根性能好，高抗黑穗病，中抗花叶病。福农 40 号植株高大，分蘖力强，前中期生长快，中后期生长稳健，宿根性较好，中抗黑穗病，抗赤腐病，感花叶病，抗旱性和抗倒性均较强。

福建省林业科学研究院等科研单位选育了具有自主知识产权的油茶高产良种无性系 13 个，并加快福建小果油茶特色品种龙眼茶以及红花油茶的高产良种选育，可在全省不同气候带及中高海拔山区种植推广。近两年选育的油茶闽杂优 22、闽油 1等 6 个二代良种不仅高产稳产，且适应性强。通过营建采穗圃，培育苗木，建立示范林，加快推广应用，扩大种植面积。截至 2020 年，福建油茶良种基地面积达 3 820. 55亩，其中采穗圃 1 914. 6亩、试验林 1 307. 75亩、基因库 587 亩、母树林 11. 2 亩，2020 年油茶育苗面积 218 亩，产量 274 万株。

三、良种分子设计研究进展

“十三五”期间，福建农林大学、福建省农业科学院等院校和科研机构，利用基因编辑技术、新一代基因测序技术、转录组扩增和单细胞基因组分析技术，组织开展水稻、玉米、大豆、茶树、果蔬、食用菌、甘蔗、园林、畜禽等反映福建特色的动植物遗传转化体系、基因组组装与注释、重要代谢产物合成分解调控机理等研究，取得了一系列重要的成果。

（一）作物科学领域

福建省农业科学院生物技术所运用生物技术培育的抗虫水稻 mfb-MH3301，对二化螟、稻纵卷叶螟等水稻害虫具有高抗性，以 mfb-MH3301 为亲本配组的杂交稻，产量比非抗虫水稻增产 10%以上，每公顷可少施化学农药 15. 4 公斤，降低生产成本 13%。国家转基因重大专项抗虫转基因水稻现场展示会现场考察了课题组展示的 8 个抗虫转基因杂交稻组合、2 个抗病转基因水稻组合、1 个抗除草剂转基因水稻组合，验证了抗虫水稻的抗虫效果。

福建省农业科学院水稻研究所分析了强、弱再生力水稻倒 2 节腋芽不同萌发时期差异蛋白，发现参与油菜素内酯（BR）生物合成的基因表达差异显著，表明 BR 信号通路与腋芽萌发相关，阐明了水稻贮藏蛋白在种子萌发过程中具有重要的调控作用，揭示了 BR 调控水稻种子萌发和胚生长的新机制。

福建农林大学农学院破译了四倍体花生全基因组，在国际上率先完成并公布了高质量栽培种花生全基因组序列和精细结构框架，并精确注释到无冗余等位基因水平，揭示了花生与其他豆科物种染色体起源、核型演化和栽培种花生基因组结构变化，为解释花生物种特有的生物学性状演化提供了遗传依据。

福建农林大学基因组中心团队在全球首次破译甘蔗基因组，并在权威刊物 *Nature Genetics* 在线发表，这是第二个以中国人为主破译的大宗农作物基因组，是全球第一个组装到染色体水平的同源多倍体基因组，标志着全球农作物基础生物学研究取得重大突破，奠定了我国在甘蔗研究领域的国际领先地位。

福建农林大学麻类科研团队率先突破了红麻基因沉默技术瓶颈，解析了叶形、韧皮部纤维形成的关键调控基因，该研究成果为红麻首个染色体水平的高质量基因组，为红麻的功能基因验证和分子设计定向育种提供手段。

福建省农业科学院农业生物资源研究所首次克隆出山药抗逆基因 *APX*，筛选出山药诱抗剂，并克隆出山药 *DaAPX* 基因、山药抗病关键基因 *ERF96-like* 和乙烯信号通路关键基因 *ERF96-like 1*，为探明山药品种间抗病力不同的内在原因和开发提高山药抗病力的非农药保护剂奠定基础。

（二）园艺科学领域

福建农林大学在蝴蝶兰重要性状决定基因研究方面取得突破，发现了蝴蝶兰胚珠发育的关键基因、抑制花芽生长的基因、调控花朵表面蜡质层的主要成分衍生物合成的 2 个新基因，鉴定出香气成分的化合物及其代谢通路调控基因，建立了分子辅助育种基础数据平台。

福建农林大学亚热带果树科研团队首次在国际上公布了龙眼全基因组数据库，该研究成果对于龙眼及近缘种属果树的种质资源研究、遗传改良以及药用价值的利用具有重要意义。

福建省农业科学院果树研究所李种质资源与遗传育种研究团队在中国李基因组学研究领域获得了重要进展，利用 PacBio 和 Illumina 技术，获得了三月李的基因组。低需冷量三月李基因组图谱的完成，将有力促进李属植物需冷量等重要农艺性状遗传机制的解析，为后续李遗传改良和新品种培育提供方向。

福建农林大学园艺学院首次克隆并登录紫芽茶树5条关键调控基因序列，转化验证CsMYB75调控茶树芽叶紫化功能，揭示茶树芽叶紫化性状形成机理及关键调控机制。研究紫芽茶树鲜叶及加工过程次生代谢物质代谢及分子机制，阐释了紫芽茶树品质形成物质基础和调控机理。

福建省农业科学院作物研究所开展了草莓优良品质形成的调控机制研究。率先获得草莓类胡萝卜素合成、脱落酸（ABA）合成、叶黄素循环重要基因9个，分析了基因功能及在品质形成中的作用，解析了类胡萝卜素、ABA、叶黄素循环调控机制及三者的互动关系，并构建了草莓叶片再生、遗传转化、载体构建等基因工程技术体系，为草莓贮运保鲜、品质改良及品种选育提供理论基础和科学依据。

福建农林大学园艺学院采用项目组特有多花水仙资源阐明水仙花色、花香、抗性及休眠等的相关机理。采用cDNA文库、SSH差异表达基因消减文库和RNA-*seq*等技术，分离克隆水仙花色、花香、抗性和休眠相关基因61个，并鉴定其功能；建立了多花水仙组培快繁及遗传转化体系，开发了水仙IRAP、REMAP和SSR分子标记，充实了水仙遗传育种背景资料，为育种资源的合理利用提供理论指导。

福建省农业科学院作物研究所应用多组学技术，解析了丝瓜褐变机理，结合褐变机理解析结果，建立了PPO酶活性、总酚、褐变度为生理指标，*PPO1*基因表达量为分子辅助鉴定的丝瓜褐变鉴定方法，为耐褐变种质的筛选及耐褐变品种选育提供技术支持。

福建农林大学园艺学院明确了番茄果实发育、花发育、凯氏带发育等番茄重要农艺性状相关的功能基因和调控网络，构建了番茄属系统进化树，揭示了番茄进化关系和遗传特性，为番茄配组亲本选择提供了理论依据和技术支持，育种周期可缩短2～3年。

福建农林大学园艺学院采用第三代PacBio测序技术结合染色体构象捕获（Hi-C）技术成功组装了异源四倍体甘蓝型油菜（AACC）的基因组序列，获得了染色体水平的高质量参考基因组序列，基于此揭示了多倍体甘蓝型油菜中的转座子扩增、亚基因组进化和抗病基因在油菜驯化过程中的快速进化模式。该研究获得的高质量的ZS11油菜基因组为后续油菜基因组学相关研究如基因组进化、重要性状遗传定位、基因克隆和功能研究等提供了参考基因组序列，为油菜遗传育种和性状改良提供参考。

福建农林大学作物遗传育种与综合利用教育部重点实验室在辣椒高温高湿下抗

病分子机制研究方面取得了重要进展，解析了以 WRKY40 为中心的由多个 WRKY 家族成员以及其他重要调节蛋白组成的调控网络，剖析了 elicitin 家族重要成员与辣椒 SRC2-1 和 SGT1 介导的辣椒抗病与疫霉致病的“Zig-zag-zig”协同进化机制，依托上述研究，提出了作物抗病遗传改良技术新策略。

福建省农业科学院食用菌研究所首次利用 ATAC-*seq* 和 RNA-*seq* 研究广叶绣球菌对环境的应答机制，找到了光诱导绣球菌原基形成过程中的关键基因。

福建省农业科学院食用菌研究所开发了系列特异 DNA 标记应用于种质创新，这些标记应用于种质评价和育种筛选，育种效率提高 1 倍以上。研究了野生双孢蘑菇四孢变种的遗传特性，建立了四孢高效育种技术平台，不育菌株分离率和杂交成功率均达 90%以上，比传统的双孢育种技术提高 10 倍以上。利用野生四孢变种不育单孢高分离率配合野生菌株的高配合力，通过四孢变种进行野生种质创新，进一步缩短了双孢蘑菇种质创新的周期。

（三）植物科学领域

由福建农林大学海峡联合研究院林学研究团队主要完成的研究成果《植物营养生长调节网络中枢的硝酸盐偶联 Ca^{2+} 与 NLP 信号传导机制》在国际顶尖学术期刊 *Nature* 发表，该研究不仅揭示植物营养生长调节网络中枢硝酸盐偶联的 Ca^{2+} 信号传导机制，还为未来的研究提供了一个新的分子框架，为分析氮和糖信号通路之间的复杂相互作用在植物和动物营养介导的生长调节提供有力的支持。该研究成果入选 2017 年度 15 项中国农业科学重大进展。

福建农林大学在睡莲基因组及重要性状分子机制研究取得新突破，展示了早期被子植物的进化特点和特征，对揭示被子植物起源和进化具有重大意义，并解析了花香合成途径以及蓝色花瓣合成关键基因，为园艺植物分子遗传育种提供了重要的目标基因，研究成果在国际顶刊 *Nature* 发表。

福建农林大学海峡联合研究院林学中心在国际顶尖学术期刊 *Nature* 在线发表题为“Discovery of Nitrate-CPK-NLP signalling in central nutrient-growth networks”的研究论文，阐明钙离子依赖蛋白激酶介导硝态氮信号转导的分子机制，为今后分子育种中提高农作物氮素利用及产量提供了重要理论依据。

福建农林大学海峡联合研究院园艺中心课题组在国际顶刊 *Nature* 在线发表题为《TMK1 蛋白介导的生长素途径调控植物幼苗顶端弯钩差异生长》的研究文章，报道了植物类受体蛋白激酶 Transmembrane Kinase 1（TMK1）介导的生长素信号途径调控植物差异性生长的分子机制，为生长素信号通路的研究开拓了新的思路，拓展了新的方向。

福建省林业科学研究院省木麻黄工程技术研究中心在国际上首次完成了木麻黄的全基因组测序，录入世界权威基因库 NCBI 的数据库[8]。研究人员测得该物种基因组大小约为300 Mb，通过基因注释和比较基因组分析，从木麻黄基因组中预测到了29 827个蛋白编码基因，通过和已经破译物种的基因组进行比较进化分析，发现木麻黄和胡桃亲缘关系最近。木麻黄基因组的破译，为木麻黄优良品种的定向选育奠定了分子基础。

（四）畜牧科学领域

福建省农业科学院畜牧兽医研究所揭示了半番鸭及其亲本性腺发育差异，筛选出性腺发育相关的差异表达基因，发现 GnRH、Ca、MAPK 等信号通路与繁殖功能密切相关，为半番鸭种质可控技术提供科学依据。探明了半番鸭羽色遗传调控机制，明确白羽等级的提高与父本密切相关，构建了羽色相关基因消减 cDNA 文库，筛选出与羽色相关的差异表达基因，为半番鸭白羽等级提高提供新方法。创建了半番鸭主要经济性状杂种优势分子预测技术，为优良杂交组合选择提供科学依据，显著提高选育精准度。揭示了抗氧化能力与肉质密切相关，抗氧化酶活性越高的鸭肉，其系水力、pH 值越高，肉色越稳定；鉴定出 7 个与半番鸭肉质形成有关的蛋白标记，为半番鸭肉质改良提供重要技术支撑。

第三章 设施农业与数字农业科技

“十三五”期间，福建加强特色农业重点领域突破。一是主要农作物全程机械化推进行动加快实施。农机化作业面积达 1 845万亩次，全省农作物综合机械化率达 70%。二是在设施农业、智慧农业、农机装备等高效种养全产业链技术推广和应用方面成效显著。茶叶、果树、蔬菜、食用菌等设施农业快速发展，千亩设施农业示范基地 120 多个，设施农业总面积 230 多万亩，占全省蔬菜、果树、茶园种植总面积的 12. 8%，其中设施蔬菜面积达 220 万亩，占全省蔬菜面积的 23. 8%。三是加快数字农业和数字乡村建设。福建“农业云 131”信息工程投入运营，建成现代农业智慧园 50 个、农业物联网应用基地 600 个，“互联网+”农产品出村进城工程启动实施，益农信息社覆盖 85%以上建制村，2020 年福建省县域数字乡村指数排名位居全国第三。

一、农业机械化发展

“十三五”期间，福建大力推进农业机械化工作，农业机械化正逐步向深度和广度拓展，农业机械化作业领域由粮食作物向经济作物，由大田农业向设施农业，由种植业向畜牧业、养殖业、农产品加工业全面发展，由产中向产前、产后延伸，发展空间不断扩大。据福建省农业农村厅数据显示，2020 年，福建省主要农作物耕种收综合机械化率达 70. 4%（水稻耕种收综合机械化率达 77. 3%），农机化发展为福建省现代农业提供有力的装备支撑（表 3-1），提高了福建省粮食和主要农产品的生产能力。

表 3-1 “十三五”期间福建农业机械化作业情况

年份	机耕面积（10^3 公顷）	机播面积（10^3 公顷）	机电灌溉面积（10^3 公顷）	机械植保面积（10^3 公顷）	机收面积（10^3 公顷）
2016	1 133. 81	152. 69	338. 23	711. 64	442. 95
2017	1 072. 39	159. 69	337. 53	616. 99	500. 05
2018	901. 55	174. 67	324. 66	570. 36	509. 90
2019	922. 43	216. 78	314. 90	609. 83	557. 42
2020	951. 10	258. 33	323. 04	631. 61	601. 47

注：数据根据文献[9]～[12]整理得出。

（一）全面落实农机购置补贴政策

福建省持续优化调整补贴机具，围绕丘陵山区特色现代农业需求、生猪等畜禽养殖需求及农业绿色发展需求，持续优化调整补贴机具种类范围，补贴机具种类范围达到126类、8 469款产品，基本上覆盖了福建省主要农作物生产、农业绿色发展、特色优势农业生产所需机具[13-14]。在福建省全面推广通过手机移动客户端（App）办理农机购置补贴，让农民足不出户就可以在网上办理购置补贴。至2020年年底，福建省通过手机App办理补贴申请的比例达到40.3%，2020年补贴购置农机具15.93万台（套），受益户数8.99万户。

（二）着力强化农机化技术示范推广

试点开展创新型农机装备“543”补贴政策。支持创新型农机装备的推广应用，鼓励农机生产企业创新研发适用于丘陵山区作业的机具。组织实施农作物全程全面机械化推进行动，福建省建设了省级新机具推广基地20个，主要农作物示范基地63个，特色农业产业生产全程机械化示范基地71个，重点扶持主要农作物和茶叶、水果、蔬菜、食用菌、畜禽、水产、林竹等特色优势农业产业，以及设施农业、农产品初加工全程机械化技术攻关与示范推广。组织召开397场次示范推广现场会，探索形成全产业链全程机械化技术规范、技术模式，示范推广效果显著，有力地推动农业机械化向全程全面高质高效升级，为农业农村现代化提供有力装备支撑[15]。

（三）大力发展农机社会化服务

福建省农业管理部门通过政府购买服务、以奖代补、先服务后补助等方式，大力发展适应小农户需求的农机社会化服务组织。重点培育农机合作社，提高发展质量，打造“五有”农机合作社（即有完善的装备设施、有良好的运行机制、有健全的管理制度、有较大的服务规模、有显著的综合效益），吸引农户加入合作社。农户以土地、人员、机械入股，合作社为农户提供整地、播种、育秧、插秧、施肥、浇灌、植保、收获、烘干等生产全程机械化服务，不仅让更多群众亲眼看到农机化生产的便利，也解决了分散经营中的弊端，从种到管，从收到卖，抱团发力，悄然改变农业生产方式。至2020年，全省农机合作社达690家，其中“五有”农机合作社达293家。全省农机合作社作业服务面积达449万亩，较2019年同期增长41.2%，同时，全省组织700台农业机械开展跨区作业，农机社会化作业服务呈现良好的发展态势。

（四）加快“互联网+农机作业”推广应用

2019年，南平市建阳区在省内首创了智慧农机服务管理平台，以“滴滴农机”新模式，实现资源信息共享，实行订单式作业，实现“信息多跑路、农机多干活、农户得实惠”目标，为促进小农户对接大市场迈出有力一步。2020年，“滴滴农机”服务模式在全省推广，共有10个县建设“滴滴农机”智慧农机服务管理平台，开展网上呼叫服务，引导农户在农机具上安装北斗农用终端1 200余台，提供作业服务面积达100多万亩。

（五）机械化助推粮食作物高优栽培

福建省再生稻研究引领全国再生稻生产不断创新发展。在福建省尤溪县再生稻百亩示范片，两季总产连续20年稳定在1 200公斤/亩以上，在浦城县再生稻全程机械化高效栽培示范，两季总产连续6年平均达940公斤/亩以上，再生稻全程机械化高效栽培经济效益是传统再生稻栽培的2倍。此外，绿色轻简栽培技术通过增加有机肥、绿肥和微肥使用比例，合理减少化肥用量，维持土壤地力水平。

福建农林大学承担的“再生稻高产高效清洁生产关键技术与应用”项目，创建全程机械化再生稻“三保两促一攻”高产高效栽培技术体系，解决了人工收割成本高、机收碾压减产严重和再生季腋芽萌发率、产量低问题，提出了以“选准品种、保根促发和减轻碾压”为核心的全程机械化再生稻高产高效主攻途径，研制了再生稻机收专用收割机及配套降低碾压减产的烤搁田技术、收割机行走方式，解决了机收压桩率高、减产严重的难题，集成构建了全程机械化再生稻“三保两促一攻”高产高效栽培技术体系，创造了百亩示范片全程机械化再生稻头季亩产621.10公斤，再生季亩产404.55公斤，年亩产“吨粮田”的产量水平。项目获得2017年度福建省科技进步奖一等奖。

福建省薯类产业联盟根据平潭沙地生态特点，制定甘薯科技服务措施方案，通过多年技术探索、现场示范及技术培训，集成了以甘薯全程机械化技术组装配套为核心，有机结合优质新品种筛选、高产栽培技术、病虫害绿色防控技术的滨海沙地甘薯机械化绿色高效栽培技术体系，展示了甘薯旋耕机、施肥机、栽插机、切蔓机、收获机等甘薯种植生产的全程机械化过程，形成了福建省目前甘薯机械最为齐全、机械化程度最高的技术模式。

福建农林大学承担的“作物节能节水灌溉新技术与设备的研发应用”项目，突破传统利用蓄电池进行风光互补的技术弊端，开发出国内外首台免蓄电池风光互补扬水机，为作物节能节水灌溉提供水资源；利用无线传感与太阳能技术，研制出无线的灌溉自动控制器，为作物节能节水灌溉提供控制新技术。项目获得2020年度福建省科技进步奖二等奖。

（六）机械化助推茶产业高效发展

福建是产茶大省，但由于大部分茶园地处陡坡地带，适用的机具较少，茶叶生产综合机械化水平长期在低位徘徊，茶叶生产成本居高不下。“十三五”期间，福建省加大茶叶新机具研发、引进与示范推广，茶叶生产综合机械化水平快速提升，2020年全省茶园机械化修剪面积157.5万亩，年机械化采收量18.35万吨，分别占全省茶园总面积和总产量的47%和40%。在武夷山、安溪等茶叶主产区，茶树修剪、采收机械化率高达95%以上。在茶园栽培作业机械研发方面，也实现了新的突破，由福建省农业机械推广总站与福建农林大学、福建永顺机械有限公司联合研发的茶园开沟施肥覆土一体机，可一次性同步完成开沟、施肥、覆土、除草等作业，作业速度达到每秒2.8米以上，填补了福建省茶园开沟施肥覆土一体机具的空白。

二、设施农业科技

“十三五”期间，福建高度重视设施农业发展，用工业化理念发展现代设施农业，突破土地资源制约，依托自身的工业、科技、生态、文创等优势，以设施农业规模化、机械化、智能化、多元化、特色化为抓手，致力于建设现代设施农业产业园、植物工厂，大力推进设施农业一二三产融合发展，走出一条以设施农业助推现代化农业发展之路，有力地促进了设施园艺和装备科技创新，已经成为福建省现代农业经济发展新的增长点[16]。据统计，至2020年年底，全省温室总面积达12 757.97万平方米，其中连栋温室534.70万平方米（表3-2）。

表3-2 “十三五”期间福建省设施农业（温室）面积统计

年份	温室（万平方米）	连栋温室（万平方米）	塑料大棚（万平方米）
2016	10 495.24	339.74	9 948.59
2017	11 751.88	371.31	11 373.87
2018	12 740.00	590.00	12 140.00
2019	12 623.76	518.88	12 099.21
2020	12 757.97	534.70	12 204.83

福建省设施园艺主要有蔬菜、花卉、水果及食用菌等作物的生产，“十三五”期间福建设施园艺快速发展，全省累计实施设施园艺建设项目超过1 100多个。设施园艺向优势区域集中建设，产业聚集效应明显加强，至2020年全省千亩以上规模设施农业基地达到120多个，形成了福安万亩设施葡萄基地，福清、仙游和诏安的万亩设施蔬菜基地，南靖万亩设施园艺基地等大规模的设施农业集聚区。厦门市已成为长江以南地区最大的蔬菜工厂化育苗基地，蔬菜嫁接苗年产2亿多株[17]。

（一）蔬菜设施栽培与高优生产技术

一是加强区域布局。引导设施蔬菜向“一带三区”（即闽江口以南沿海高优设施蔬菜优势生产带和闽江流域、闽东沿海、闽西地区三大设施蔬菜生产次优势区）集中，打造高优设施蔬菜优势产区。在闽东南沿海着重发展抗台风、控温控湿性能高的设施棚型，在闽东、闽西北、闽西重点发展保温性能好的设施棚型，扩大冬春设施蔬菜面积，提高设施蔬菜在福建省蔬菜产业中的比重和全国冬春季蔬菜市场占有率[18]。

二是强化设施蔬菜新品种选育。“十三五”期间，福建省整合科技资源，加大科研投入，协调全省涉农科研院校科技人员，加强设施蔬菜适用品种的选育、扩繁和推广，提高蔬菜产量和质量。组织实施“茄果类蔬菜新品种选育与种业产业化研究”项目、“福建省农作物育种产业技术公共服务平台”项目，建立蔬菜种质资源数据库，两个项目收集保存种质资源300份，获得番茄、辣（甜）椒、茄子、黄秋葵30份以上优异种质资源和育种核心材料，培育出20多个通过了福建省认定的适宜设施栽培的蔬菜新品种，建立良种繁育示范基地7个5 000亩以上。

三是加大设施高优栽培配套技术的研发与推广力度。重点针对设施大棚栽培水肥一体化、无土基质栽培、温湿度调控等关键技术集中力量开展研究，集成应用相关规程，累计建立新品种核心示范片3万多亩，省内外累计推广50万亩以上，促进福建蔬菜品种更新换代，改善福建设施蔬菜主栽品种依赖进口品种的局面，提高自主知识产权蔬菜新品种的利用。积极打造集约化专业育供苗中心，推广蔬菜新品种，提高嫁接苗的普及率，减轻连作障碍，提高产量、质量、效益。积极发展蔬菜集约化、轻简化生产，推广水肥一体化，引进消化和集成创新了设施大棚高效生产技术体系、集约化轻基质穴盘育苗（包括嫁接育苗）、果菜类基质无土规模化栽培、叶菜类蔬菜水培以及水肥一体化、机械化作业、物联网、智能操控、丸粒化蔬菜种子加工等技术大规模应用于生产。经过多年的探索，福建设施蔬菜高效生产、蔬菜基质无土栽培、集约化商品化嫁接育苗，成为我国南方设施蔬菜和现代蔬菜生产技术的样板。至2020年全省推广该类新技术500万亩左右。

（二）果树设施栽培与高优生产技术

在区域布局方面，闽西北、闽东山区百香果、猕猴桃等特色水果产区，发展以温室大棚为主的设施栽培；在葡萄、桃、梨、杨梅、枇杷等水果产区，发展避雨设施栽培；同时，通过果实套袋、增施有机肥等措施，提高果品品质。

在高优栽培技术研究方面，针对福建省气候、地形特点，以果树高效优质生产为目标，围绕福建省果树生产实际情况和发展需求，研究果树根系生物学与微域环境调控，开展果树整形修剪、花期调控、节肥省力栽培、设施栽培、病虫害绿色综合防控等技术，集成组装一套简易、可学、可防、可推广的技术，完善喷滴灌等基础设施、推广果园机械。对不同果树的生长特性，研发高光能利用树形及配套修剪技术、轻简化高效栽培技术、主要病虫害高效安全防控技术等综合栽培技术，结合标准化建园和生产技术，集成适合于福建产区的各树种的栽培模式。例如，实现李树整形修剪标准化，解决树体徒长、郁闭、易老化、产量低、品质劣等问题，开展葡萄避雨设施研发、避雨栽培关键技术的集成应用，打破了福建作为葡萄栽培不适宜区的限制，突破了福建发展欧亚种葡萄的禁区，引领了南方湿热产区葡萄产业的持续发展，提高优质果率8%以上，推动福建省葡萄产业快速健康发展。

（三）茶叶设施栽培与优质高效生产技术

福建产茶历史悠久，中华人民共和国成立初期先后研究提出了山地茶园垦植建园、低产茶园改造、广泛推广等高梯台、选用无性系良种苗木、深沟大肥、双株双行种植、定型修剪、树冠培养等技术，大大提高了茶叶生产栽培管理水平，茶叶平均亩产从1978年的14.37公斤提高到2019年的125.99公斤，基本形成了支撑福建茶叶高质量发展的产前、产中技术体系。

一是开展茶园养分管理与施肥模式研究。制定福建主栽茶树品种的施肥限量标准，提出了有机肥替代化肥、养分时空匹配、水肥一体化等多项茶园高效施肥关键技术，集成契合茶区、茶类及不同采摘方式为一体的茶园养分管理技术模式，研发茶树专用有机无机复混肥、生物炭基肥等茶树专用肥产品，以及茶菌渣无害化返园利用技术。

二是建设标准化种植基地。积极推进茶叶标准化生产，推行茶树病虫害专业化统防统治，重点开展茶树害虫生物防治研究，推广茶树病虫害绿色防控技术。到2020年，福建省实施茶树病虫害专业化统防统治180万亩以上。将物联网技术与传统茶树栽培技术相结合，配备自动化水肥一体化系统，实现茶园水肥管理精准化、病虫害防治科学化、茶产品质量安全全程可追溯，到2020年，建成标准化茶叶基地100万亩，亩均节本增效200元，带动节本增效2亿元。

（四）食用菌设施栽培与高效生产技术

福建食用菌产业基础扎实，技术辐射全国，产业基础好，食用菌栽培区域已遍布全省，食用菌生产正逐步从分散栽培向集约化、工厂化规模栽培发展，呈现生产、加工和市场区域化、专业化格局[19]。如古田的银耳专业化生产，罗源秀珍菇规范化栽培，漳州杏鲍菇工厂化生产及销售等，从整体上提高了抵御市场风险的能力和产业化水平。福建古田是我国食用菌行业中引领整体产业发展方向的重要风向标，不仅有成熟的食用菌袋栽技术、先进的工厂化设施、富有经验的研发及生产团队，更实现了全县围绕食用菌产业链构筑的多生产要素的有机结合，从而带动了全县的富民工程，堪称食用菌产业的“县域工厂”模式，食用菌的品种、技术、人才和资金已经辐射到全国各地，促进了全国食用菌产业的发展。

（五）畜禽设施与高优养殖技术

“十三五”期间福建省畜禽养殖规模化水平高达90.84%（表3-3），居全国先进水平。畜禽生产条件先进，养猪生产自动化、智能化程度提高，推广全封闭式楼层养殖，建立了新型智能化温控系统、饲喂系统、节水粪尿收集及输送系统，发展智慧耳标，达到精准识别、精准管理。福建省白羽肉鸡生产处于引领地位，已接近或达到国际先进水平，规模化、标准化和产业化程度高。

表3-3 “十三五”期间福建省畜禽养殖规模化水平

年份	生猪规模化率（%）	蛋鸡规模化率（%）	肉鸡规模化率（%）	奶牛规模化率（%）	畜禽养殖规模化水平（%）
2016	85.50	92.00	96.30	80.00	90.34
2017	95.50	93.20	96.70	80.00	95.59
2018	96.65	90.47	94.14	82.30	94.47
2019	86.32	77.90	87.48	86.89	86.14
2020	89.70	81.70	86.50	89.60	87.67

（六）林木设施栽培与高优培育技术

福建省林业科学院承担的“珍贵树种种业创新与工厂化育苗”项目，选择福建省重点发展的主要造林珍贵树种樟树（香樟、芳樟）、闽楠、福建山樱花、木荷、枫香、红锥、黄金宝树和卷荚相思等，建成基于智能温室、育苗大棚、轻型基质育苗生产线等现代化育苗基础设施，建立组培工厂化育苗及产业化技术体系，年产轻基质育苗容器3 000多万个、培育优质苗木3 800多万株。项目获得2017年度福建省科技进步奖二等奖。

福建农林大学林学院承担的“杉木人工林长期生产力保持关键技术及其应用”项目，研发出可供生产应用的退化地适应型杉木无性系、杉阔混交、不合理营林措施变革、精准配方施肥、采伐剩余物管理、凋落物促进分解、林下植被调控、林地障碍物质缓解及近自然经营等杉木人工林长期生产力保持关键技术，具有显著的生产力下降防治效果，是对传统杉木栽培制度的重大变革，为我国杉木人工林生产力下降防治提供了新途径。项目获得2017年度福建省科技进步奖一等奖。

（七）设施农业发展的主要经验

福建是商务部、财政部指定为“南菜北运”试点省份，多年来以设施农业为重要支撑，大力发展冬春蔬菜，既丰富了北方人民的“菜篮子”，又大幅增加了福建省农民的收益。2020年，福建仅蔬菜全产业链产值就已达1 800多亿元，其中冬春蔬菜和夏秋高山蔬菜优势明显，出省外调蔬菜占全省蔬菜总量的1/3以上，蔬菜出口量稳居全国前列。

1. 产业发展定位明确，政策扶持精准

为满足福建省冬春设施蔬菜井喷式的发展需求，“十三五”期间每年从省级财政中安排近2亿元对设施大棚进行针对性补贴。2020年年底，全省整体已形成了闽江口以南冬春蔬菜优势区域，进一步扩大了茄果类、瓜类等冬春蔬菜的供应量。冬春设施蔬菜的发展有效地将福建优势气候资源转化为优质农产品，同时也改善了种植结构。

2. 建立产业联盟，加强对外合作

一方面，联合以色列、荷兰等国外专家团队，创立了设施农业技术装备产业联盟，充分吸收国外先进经验。同时，与国内业内龙头企业合作，加快国产化农业设施装备与智能控制系统的研发。另一方面，在发展模式上，借鉴气候条件相似且现代农业生产及技术发达的我国台湾地区经验，充分利用承接台湾地区农业转移的优势，大力开展闽台农业合作，引进台湾精致农业，应用在包括设施农业在内的现代农业产业中。截至2019年，全省创建了6个国家级台湾农民创业园，吸引了624家台资农业企业入园创业，成为海峡两岸农业合作的绝佳样板。

3. 因地制宜发展不同设施栽培模式

“十三五”期间，福建省种植业技术推广总站组织相关单位实施“福建设施农业绿色高质高效生产模式研究与推广”项目，应用管型、结构、组配件、棚型等研究成果，针对不同地区蔬菜、果树、花卉等设施园艺作物种植需求，以抗台风、防寒保温、避雨、降湿、降温等为目标，优化集成了适用于福建省的7种棚型，包括智能温控大棚、立柱式大棚、避雨大棚、插地式拱棚、锯齿型温控大棚、双层覆盖

立柱式大棚、多层覆盖拱棚，广泛应用于蔬菜、果树、花卉、中药材等生产，推广总面积约2万公顷[20]，加快了设施大棚升级换代和园艺产业转型升级，成效显著，项目获全国农牧渔业丰收奖农业技术推广成果奖三等奖。

4. 注重信息化建设，通力打造设施农业“最强大脑”

福建省进一步发挥数字产业的比较优势，加快物联网、智联网、大数据、云计算等新一代信息技术在设施农业中的应用，推进现代农业向链条化、生态化、智能化、数字化、平台化、国际化以及多业态融合演进。为了提升全省设施农业智能化管理水平，福建省于“十三五”开局之年就建设了我国首创的设施农业总控中心，可通过互联网连接省内各地的温室大棚、水肥一体化系统等农业设施，实现了对全省百万亩设施农业、约3 000个监控点的全程自动监控，同时实现优质设施农产品质量安全追溯。设施农业的加速发展也促进了相关配套服务的转型、融入。如福建省气象部门创新性地开发了“互联网+ 设施农业+ 气象服务”新模式，自主研发监测设备、开发移动应用平台，融合多种技术，形成了设施农业气象服务体系，探索出了一条精准信息化服务的道路[21]。

三、数字农业科技

数字农业作为“数字福建”战略的重要组成部分，福建省历来高度重视。2017年福建省政府办公厅出台了《关于加快推进数字农业发展七条措施的通知》，2018年福建省入选农业农村部信息进村入户工程整省推进示范省。“十三五”期间，福建省积极推动全省各地信息进村入户工程建设，加快农业物联网、大数据高精度卫星遥感、地理信息、人工智能等信息化技术与传统农业深度融合，建设农业智慧园和农业物联网基地，组织开展智能农业核心关键技术研发，引导农业龙头企业、新型农业经营主体、涉农信息化企业、行业协会大力发展数字农业、智慧农业，福建数字农业发展进入了快车道[22]。

（一）推进智能农业基础设施建设

“十三五”期间，福建省加快新一代信息通信技术与农业农村领域深度融合，不断完善智能农业基础设施建设，助力农业发展提质增效。一是深入推进“数字福建·宽带工程”行动计划。在全国率先开展海岛电信普遍服务试点，实现全省建制村光纤通达和4G网络覆盖，城乡基本实现“同网同速”。二是推进移动物联网规模部署。全省NB-IoT基站达3.6万个，实现乡镇以上区域连续覆盖。三是推进5G和千兆网络建设。积极推进农村千兆光网、5G网络与城市同步规划建设，累计建设5G基站2.5万个。

（二）构建农业农村信息化服务平台

重点围绕实施福建省“农业云131”信息工程，构建一个福建农业大数据资源中心，完善农业生产、经营和质量安全三个服务系统，加快形成农业信息资源“一张图”，2020年基本建成系统互联互通、数据在线共享、服务全省农业农村农民的数字农业综合信息服务体系[23]。福建省“农业云131”信息工程一期投入3 000多万元，已经建成并投入使用。

福建“农业云131”信息工程项目（一期），已建成农业“一张图”辅助决策系统，针对福建省种植业中的茶叶、柑橘等特色优势作物，构建了作物适宜性评价模型，开启了“一张图”的应用。通过对土壤数据、数字高程、农业气象、作物生产数据及自然资源部门提供的农地数据等海量数据进行整合，结合卫星遥感数据获得的实际种植分布情况，利用地面物联网、大数据等相关技术，实现全省茶叶、柑橘种植适宜性评价及果园面积、土壤墒情、气象、水文的动态监测。通过“一张图”形式，详细展示福建省茶园和果园的分布情况、适宜种植区域、适宜种植面积，为特色优势产业布局优化、产业结构调整、农业高产优质以及经济、社会和生态效益统一等提供数据支撑，提高了福建省种植业生产管理的信息化。下一步，“福建农业云131”将结合福建省特色农产品优势区建设，依托农业大数据平台与卫星遥感、物联网、大数据等相关技术，增加适宜性分析的作物品类，利用数据构建特色优势作物适宜性评价模型及适宜区域“一张图”，分析福建省各个区域的适宜种植品种，围绕利用土壤、气象数据的分析及预测结果更好地应用于农业生产环节，为实现福建省农业资源合理配置、种植结构调整优化、农业产业数字化发展提供数据决策依据。

（三）提升农业信息化建设水平

大力推进信息进村入户工程，截至2020年年底，福建省累计建设益农信息社

11 968个，县级运营中心 74 个，建设数量已基本覆盖全省建制村。加快实施“互联网+”农产品出村进城工程，提出以涉农县为单位全面开展工程建设，积极推进特色农产品仓储保鲜冷藏设施信息化建设工程，在全省特色农产品主产区产地开展农产品仓储保鲜冷藏设施信息化改造。

福建省安溪、福安、永春、古田、平和 5 个县（市）入选部级“互联网+”农产品出村进城工程试点县，寿宁、武夷山、大田、上杭 4 个县（市）入选国家数字乡村试点地区。根据阿里研究院统计的数据，2020 年，全省共有淘宝镇（电商年销售额达到 3 000万元的乡镇）153 个，数量居全国第五位，淘宝村（电商年销售额达到 1 000万元的建制村）441 个，数量居全国第六位。全省农村网络零售额 2 698亿元，排名全国第三位，其中，农产品网络零售额 345. 7 亿元，排名全国第六位。

随着我国数字乡村战略的落地实施，数字技术与平台加速嵌入乡村基础设施、经济、治理、生活等诸多领域。北京大学新农村发展研究院和阿里研究院发布的《2020 年县域数字乡村指数报告》[24] 显示，2020 年福建省县域数字乡村指数为 69. 1，远高于全国均值 55. 7，仅次于浙江省、江苏省，居全国第三位；县域数字乡村指数百强县，福建省共有 14 个，居全国第三位；县域数字乡村指数 300 强县，福建省的比例为 36%，居全国第三位；乡村数字基础设施发展水平，福建省得分为 90. 8，居全国第四位；乡村经济数字化发展水平，福建省得分为 63. 0，居全国第三位；乡村生活数字化发展水平，福建省得分为 67. 2，居全国第三位；乡村治理数字化发展水平，福建省居全国第九位。

（四）建设现代农业智慧园

“十三五”期间，福建省在全国率先开展建设一批省级现代农业智慧园，推动农业农村信息化技术与农业生产、加工、流通等环节的深度融合，2020 年全省已建设现代农业智慧园 50 个，选择茶叶、蔬果、食用菌、畜禽等特色现代农业企业，实现物联网、大数据等现代信息技术和装备在农业生产全过程的应用，推动传统产业转型升级。

1. 开发可视化管理系统

加快智慧园企业资源信息化、数字化改造，包括企业布局、企业状况、产品信息、物联网数据、电商服务信息、可追溯体系等，利用大屏以及地图 GIS 技术直观了解园区智慧化情况。

2. 建设智能化管理系统

按照国内先进水平新建、改造和升级农业物联网硬件设备，运用视频信息、传感技术和管控系统等，开发智慧园智能化管理系统和手机 App，软硬件集成后，利用电脑、IPAD、手机等终端，可以精准调控种（植）养（殖）生产环境，实现自动、远程控制。智慧园企业有关数据对接省农业农村厅“农业云 131”平台，实现数据共享，为农业生产分析研判和科学决策提供依据。

3. 纳入质量安全监管

智慧园企业生产的农产品纳入省级农产品质量安全可追溯平台监管，生产过程使用的化肥、农药、兽药等投入品，纳入省级农资监管信息平台监管。

4. 鼓励开展农业电子商务

自建电商平台（网店、微商等），或利用第三方网络交易平台开展农业电子商务，对接各大商超、零售店等渠道，打通线上线下交易。

5. 建立生产指挥调度中心

建设不少于 50 平方米的智慧园成果展示中心，配备电子显示屏，集成智慧园可视化系统、智能化管理系统、生产监控系统、电子商务系统、视频会议系统，重点展示信息化建设成果，实现生产、经营、管理集中调度。

6. 强化信息化新技术应用

探索应用卫星遥感、农业机器人、智能感应等先进信息技术示范应用，支持开展农作工效、企业资源计划（ERP）、农事记录、农业 VR（虚拟现实）、客户订单等系统开发。

7. 增强移动信息服务能力

提升智慧园企业网络信息覆盖水平，建设企业门户网站、智慧园手机 App 及微信公众号，集成 12316 热线等系统资源，提供专家问诊途径，提供园区企业简介、生产信息监测、预警和应对措施，实现园区生产经营、宣传展示信息的移动服务。

8. 探索建立企业数据中心

通过智慧园项目建设，引导智慧园企业开展生产经营数据收集、分析、挖掘和预警，提升企业生产经营决策水平和抵御市场、自然风险能力。

（五）建设农业物联网基地

“十三五”期间，福建省农业农村厅贯彻落实省委省政府发展信息经济、智慧应用的总体要求，以现代农业发展需求为导向，按照“全要素、全过程、全系统”的理念，遵循“总体设计、分步实施”的原则，在现代农业示范区、现代农业产业园和有条件的地区，建设一批种子制种、大田园艺、设施农业、畜禽养殖等农业物联网示范点，有效提升全省农业生产信息化应用水平，积极培育新产业、新业态和新模式。在食用菌、茶叶、水果、蔬菜、畜禽以及中药材等特色优势产业中，选择生产规模集中、信息化技术先进、基础设施配套好的各类新型经营主体，2017—2020 年共建设省级农业物联网应用基地 160 家，带动市、县两级建设农业物联网基地数百家，全省形成先进适用的物联网应用模式，农业物联网等信息技术应用比例达到 17%以上，省级以上现代农业产业园率先实现物联网技术应用全覆盖。

农业物联网系统包括农业生产环境监测系统、采集传输系统、视频监控系统、控制系统、农业物联网应用平台和相关配套设备。一是通过集成应用温度传感器、湿度传感器、pH 值传感器、光传感器、CO_2传感器等设备，实现实时监测、显示和控制生产环境中的温度、相对湿度、pH 值、光照强度、土壤养分、CO_2浓度等环境因子，保证农作物有一个良好的、适宜的生长环境。二是实现各生产单元（大棚、菇房、养殖舍、茶园果园）环境参数实时采集上传，生产过程视频实时远程查看，生产设备现场人工控制与远程智能控制，在个人电脑和智能移动终端上均能实时查看调用数据和视频，生产设备实现远程参数设置、远程实时控制。

食用菌栽培通过示范建设，实现菇房内的空气温度、湿度、CO_2 浓度等环境信息的远程实时监测、智能调节和预警等功能。蔬果设施大棚通过示范建设，实现蔬果设施大棚内温湿度、光照强度、CO_2等生产环境因子的智能决策（如喷水时间、施肥等）；利用电脑、手机等终端，实现对蔬果生产的温度、湿度、光照、CO_2、水肥一体化等的自动、远程控制[25]。茶果种植（茶园、果园等）通过示范建设，实现生产基地空气温湿度、光照强度、土壤温湿度等环境信息的远程实时监测、数据采集分析、自动报警等功能；利用电脑、手机等终端，实现对生产基地的节水灌溉设备和水肥一体化等的自动、远程控制。畜禽规模化养殖通过示范建设，实现对养殖舍内空气温度、湿度、氨气浓度等环境信息的监测、高清视频监控以及舍内通风、光照、喂料、饮水、清粪、监控等生产过程智能化控制，对养殖动态跟踪监测、异常情况实时预警等。其他类型示范通过示范建设，实现对种子种苗、中药材等生产环节的信息化改造和提升，对生产环境因子实时监测监控、智能调节和预警等功能。省级农业物联网示范项目建成后，将环境远程监测数据和视频监控图像等推送至省级农业物联网应用服务公共平台。省农业农村厅、市县农业农村局等各级管理部门可远程查看相关数据和视频，统计、测评全省农业物联网应用情况。

（六）加强智能农业核心关键技术研发

智能农业核心关键技术研发是当前推进智能农业发展的重大制约瓶颈。近年来，福建省组织实施了一批农业人工智能、农业机器人、农业农村大数据等科技项目。尤其是积极推进智慧农业与农业大数据产业技术创新联盟建设，省内农业科研院所、涉农高等院校、农业企业等各类主体，以目标任务为导向，集聚信息技术和人才资源要素，统筹优势资源、搭建共享平台，着力突破了一批数字农业农村共性关键核心技术，形成了一批重要科技成果。

由福建省农业科学院数字农业研究所（科技干部培训中心）承担的“基于大数据和物联网的智慧农业关键技术研发与应用”项目，针对智慧农业中信息服务、精准管理、决策支持、溯源体系四个核心应用方向的技术难点，系统地开展技术创新与产品创制，突破了一批关键技术，研发了系列软件与装备，推动信息技术在农业产业中深度融合与集成应用，项目组建立的福建省“12396”农业综合服务平台、智慧农业产业链云服务平台，在全省分区域、分产业推广应用，通过网络、手机咨询、自主学习累计咨询服务与培训达245.2万人次，节省技术服务与培训成本1.22亿元；项目成果“慧农信”移动农业信息服务作为2017年全国“三下乡”重要的农技推广方式，获得央视《焦点访谈》栏目报道及福建省人民政府网站推荐，为福建智慧农业发展提供了技术支撑。项目获得2017年度福建省科技进步奖二等奖。

一品一码信息追溯平台是福建新大陆软件公司助力春伦集团成功向农业智能化转型而打造的系统，通过该平台，可在产品溯源过程中，实现产品的全信息采集，可以轻松获取茶叶的追溯信息，并在此基础上结合国家工业互联网标识解析二级节点平台对标识解析的创新应用，整合生产到销售的各环节数据，进行大数据分析，实现精准化溯源，创造中国茶生活新方式。

福建农林大学承担的“毛竹林资源信息管理关键技术及土壤肥力保持机制研究与示范”项目，系统地构建了基于“光谱片层—面向纹理”的毛竹林资源信息提取技术、基于“遥感—林分冠层氮含量—土壤肥力水平”的竹林地土壤肥力替代估测技术、毛竹林地土壤肥力保持机制和信息化管理显示系统平台，为竹质量精准提升提供了重要理论借鉴和数字化实现技术。项目获得 2017 年度福建省科技进步奖二等奖。

第四章 海洋渔业科技

党的十八大以来，以习近平同志为核心的党中央作出了建设海洋强国的重大战略决策。福建是海洋资源大省，也是海洋经济大省，具有突出的山海优势，海洋、海湾、海岛、海峡、“海丝”赋予了福建向海发展的巨大潜力。海洋在福建全方位推进高质量发展战略部署中具有特殊而重要的地位。“十三五”期间，全省海洋生产总值年均增长8.2%，由2015年的7 076亿元提高到2020年的1.05万亿元，居全国第三位，占全省地区生产总值的23.9%，海洋经济成为拉动国民经济增长的重要引擎。海洋渔业发展成效突出，海水养殖产量、远洋渔业产量、水产品出口额和水产品人均占有量等指标全国排名第一，大黄鱼、鲍鱼、牡蛎、海带、紫菜等品种养殖产量都居全国第一。

“十三五”期间，福建渔业科技支撑能力显著增强，渔业科技在资源养护与生态修复、遗传育种、健康养殖、病害防治、水产品加工、节能环保、渔业装备升级、渔业信息化等领域提供支撑保障，渔业科技进步贡献率超过全国平均水平。一些前沿领域开始进入国际并跑、领跑阶段，一批生态、绿色、高效渔业技术模式得到广泛应用。2020年主要养殖品种良种覆盖率近70%，产地水产品抽检合格率达98%。

一、渔业资源保护利用与种业创新

（一）种质资源保护利用

1. 实施增殖放流

“十三五”期间，福建省放流鲢、鳙等滤食性鱼类4 400多万尾，从水体中提取氮700多吨、磷150吨，产生生态价值超过1亿元。对九龙江华安段、福州山仔水库、泉州山美水库等水域的增殖放流效果评估显示，在放流鲢、鳙鱼类后水体富营养化程度显著降低，水域生态环境明显改善。初步测算，增殖放流苗种投入产出比可达1∶10，创造价值超过20亿元。在海水鱼放流方面，据不完全统计，2019年政府部门组织放流的大黄鱼数量为3 572万尾，宁德市民间自发组织放流的大黄鱼数量16亿尾。近10年来福建省大黄鱼增殖放流鱼苗主要来自国家级大黄鱼原种场的依托单位富发水产有限公司。据统计，2011—2019 年富发水产有限公司一共繁育超过 3 亿尾原种子一代大黄鱼鱼苗用于增殖放流，以规格大于 5 厘米的仔鱼为主，主要放流区域包括官井洋、三沙湾、黄岐湾、罗源湾等海域。

2. 建设种质资源库

厦门大学等构建了国内规模最大的鲍种质资源库，建成福建省鲍鱼种质保存与遗传育种中心，有效解决我国鲍种质资源匮乏问题，为鲍新品种持续培育提供丰富而可靠的育种材料。集美大学建立了福建省坛紫菜种质资源库。从种质发掘、纯系制备、种质保藏、种质鉴定、良种选育、规模化制种到产业化应用的完整技术体系，构建了我国目前保存品系最多的坛紫菜种质资源库。该种质库采集、制备和保存了不同海区、不同生境、不同性状的坛紫菜种质品系 500 余个，使一些生境遭到严重破坏、濒临绝种的坛紫菜野生种质得到了有效保存，保证了种质的永久和持续利用，也为后续开展坛紫菜的种质改良提供了宝贵的原始资源。中国海洋微生物菌种保藏管理中心依托自然资源部第三海洋研究所，是专业从事海洋微生物菌种资源保藏管理的公益基础性资源保藏机构，负责全国海洋微生物菌种资源的收集、整理、鉴定、保藏、供应与国际交流，是我国第一个专业海洋微生物菌种保藏机构，至今已整合了全国相关海洋院所和高校共 2 万多株的海洋微生物资源，成为国家微生物资源平台核心成员，世界微生物菌种保藏联合会成员（WFCC No. 1051），并获得了 ISO 质量管理体系认证证书。福建省水产研究所承担的“东南沿海浅海五种特色经济底栖动物资源恢复技术集成与示范”，在示范区底播指定规格的 5 种底栖动物苗种共计 1 063. 94万粒，初步建立了特色经济底栖动物资源保护和资源恢复技术，项目获得 2016 年度福建省科技进步奖二等奖。福建省宁德市的官井洋大黄鱼国家级水产种质资源保护区，是农业农村部公布的全国首批 40 个国家级水产种质资源保护区，位于宁德市蕉城区及霞浦县三沙湾，总面积 1. 9 万公顷，主要保护对象为大黄鱼，同时兼顾该海域栖息的鳓、马鲛、海鳗、对虾等其他水产物种。

（二）水产种业创新

福建省高度重视水产种业基础设施建设，“十三五”期间每年投入 3 000多万元专项资金（包括省政府每年 1 000万元支持种业创新与产业化工程建设），支持遗传育种中心、种质资源库、原良种场和水产种业基地建设，建立起一批标准化、规范化、专业化、规模化的种业基地，培育出大黄鱼、鲍鱼、坛紫菜、海带等新品种并获得农业农村部新品种认定。全省建成水产苗种场2 300多家、省级水产原良种场40家，基本形成产学研相结合、育繁推一体化的水产种业体系。国家级大黄鱼遗传育种中心和大黄鱼育种国家重点实验室均落户宁德市蕉城区，对福建省大黄鱼产业高质量发展发挥重要作用。

1. 构建福建特色的良种体系

近年来，福建省利用亚热带得天独厚的地理、气候优势，不断强化水产养殖育种技术攻关与示范推广，探索引进海参、海胆等北方养殖品种，大力促进水产养殖繁育品种的多样化发展。海水养殖育苗品种由传统的“两藻四贝”（海带、紫菜，牡蛎、蛤、蛏、蚶）发展到鱼、虾、贝、藻、蟹等120多个，淡水养殖育苗品种由传统的“四大家鱼”（青、草、鲢、鳙）发展到鱼、虾、贝、蟹、蛙、鳖等70多个，尤其是大黄鱼、石斑鱼、真鲷、东方鲀、对虾、鲍鱼、花蛤、海带、紫菜等特色优势品种繁育技术与种业规模都达到全国领先水平。2020年全省仅鲍鱼产量就达到15.5万吨，全产业链产值超170亿元、居全省水产养殖品种第一位，鲍鱼产业已经成为福建省渔业经济和乡村振兴的重要支柱产业。

2. 加强水产新品种研发

“十三五”期间，福建省共有5个水产类新品种通过国家审定（表4-1）。

表4-1 “十三五”福建省通过国家审定的水产类新品种

序号	品种登记号	水产品种	选育单位
1	GS-02-003-2018	绿盘鲍	厦门大学、福建闽锐宝海洋生物科技有限公司
2	GS-01-008-2018	方斑东风螺海泰1号	厦门大学、海南省海洋与渔业科学院
3	GS-01-002-2016	黄姑鱼金鳞1号	集美大学
4	GS-01-010-2020	坛紫菜闽丰2号	集美大学
5	GS-01-008-2016	葡萄牙牡蛎新品种金牡蛎1号	福建省水产研究所

厦门大学在国内首次实现了西氏鲍、绿鲍批量继代繁育和保种，首创鲍高效远

缘杂交育种技术体系，培育出西盘鲍和绿盘鲍两个国审鲍新品种，创造社会经济效益 53.5 亿元，其中绿盘鲍单只重量超 250 克，成为鲍鱼中的精品鲍，荣获 2020 年度中国农业农村重大科技新成果十大农业新产品称号；承担的“鲍远缘杂交育种技术与产业化应用”项目获得 2020 年度福建省科技进步奖一等奖。

厦门大学采用有效繁殖亲本数量控制、遗传参数与选择效应评估以及选育世代遗传多样性监测等技术，通过连续 4 代的闭锁群体选育，育成生长性状优良的方斑东风螺海泰 1 号。连续两年的生产性对比试验表明，方斑东风螺海泰 1 号生长速度提高明显，优良性状稳定，2018 年获得国审新品种。

集美大学鱼类遗传育种研究团队经过连续 4 代群体选择，结合人工雌核发育技术培育出黄姑鱼优良新品种金鳞 1 号，于 2016 年通过国家审定，与普通黄姑鱼相比，养殖 18 个月平均体重和成活率可分别提高 20%以上，已在福建和浙江沿海繁育推广 2 000万尾以上。

集美大学水产学院采用辐射诱变、杂交选择和细胞工程等育种技术，经连续 4 代选育而成坛紫菜新品种闽丰 2 号，该品种具有菜质优、耐高温等性状，藻体的粗蛋白、色素蛋白和 4 种呈味氨基酸含量均显著高于传统养殖品种，同等条件下产量比传统养殖品种提高 25%以上。已在福建、江苏和山东沿海等地示范栽培超过 5 万亩，2020 年通过国家审定。

福建省水产研究所培育出速长黄壳色葡萄牙牡蛎新品种金牡蛎 1 号于 2016 年通过国家审定，该品种具有生长速度快、遗传性能稳定、贝壳金黄、色泽鲜艳等优势特征；并建立了与福建海区特点相适应的高效单体牡蛎养殖模式。

莆田市水产科学研究所经过 5 年研究与实践，攻克了真蛸全人工育苗这个世界级科研难题，成活率为 80.3%，试验已进入海区试养阶段。

3. 开展水产种质创制新技术研究

厦门大学徐鹏团队依托大黄鱼育种国家重点实验室平台，于 2018 年利用第三代基因组测序技术和高通量染色质构象捕获（Hi-C）技术完成了染色体级别的大黄鱼基因组序列图谱，基因组完整度、连接性和染色体整合度获得显著提升，为后续深入开展大黄鱼性状解析和种质资源创新利用提供了高质量基因组数据。2020 年，大黄鱼育种国家重点实验室联合厦门大学完成了首个大黄鱼高通量基因芯片——大黄鱼宁芯 1 号 650K 高密度 SNP 分型芯片的研发，为重要经济性状遗传定位、基因组选择育种等提供标准化、高精度的海量基因型数据。2020 年厦门大学徐鹏团队建立了标准化的大黄鱼刺激隐核虫感染和抗性性状测评体系，利用基因组选择育种技术选育获得具有显著刺激隐核虫抗性的大黄鱼宁抗1号新品系 F_3 代。

集美大学水产学院水产动物遗传育种研究团队率先构建了大黄鱼一代（AFLP）、二代（SSR）和三代（SNP）分子标记遗传连锁图谱，以及全基因组光学物理图谱，建立了大黄鱼人工雌核发育诱导技术，绘制了覆盖度最高的大黄鱼全基因组序列精细图谱，定位了生长、性别、高不饱和脂肪酸（HUFA）含量等10多种经济相关性状的QTLs，建立了基于全基因组信息的遗传选育技术体系，已应用到大黄鱼品质遗传改良的育种实践。

厦门大学、福建农林大学承担的“东方鲀种业创新与产业化工程”项目子项目分别在双斑东方鲀基因资源库建设与开发、双斑东方鲀的细胞培养与基因组编辑研究方面取得重要进展。

二、高效健康养殖技术

“十三五”期间，福建省渔业管理部门大力组织引进和开发深水网箱养殖技术、高效集约工厂化循环水养殖新技术、重要水产养殖动物病害精准防控技术和水产养殖动物新型营养源开发与饲料研制技术等一大批水产渔业科技。在生态渔业、健康养殖、标准化养殖和智慧渔业等方面取得显著成效，有效促进了福建省海洋渔业的转型升级。

（一）生态健康养殖

大力发展资源节约、环境友好、集约高效、质量可控的生态健康养殖模式。持续推进传统养殖池塘标准化改造，通过改造提升养殖容量，推广鱼虾贝生态混养，提升防抗病能力，减少水资源利用。应用环保型工程技术和设施装备，发展封闭式循环水工厂化养殖，实现水资源循环利用。推进三都澳、沙埕港、南日岛等海域传统渔排改造，扩大塑胶网箱规模，推进网箱布局景观化、养殖小区景区化。充分发挥贝藻类的碳汇功能，大力发展海带、紫菜、牡蛎等筏式生态养殖和浅海贝类底播养殖，净化和修复近海海洋环境。

（二）水生动物防疫体系建设

组织开展农业农村部水生动物防疫系统实验室检测能力验证，提升加强省、市、县三级水生动物防疫能力。加强重大水生动物疫病监控，开展重大水生动物疫病专项监测、流行病学调查、水生动物病害测报，提升水生动物病害/疫病的监控、预警和防控处置能力。加强省级水生动物病害远程诊断网络建设，提高水生动物病害/疫病的诊断水平和效率。加强专家队伍建设和提高疫病快速诊断技术水平，提升水生动物疫情应急反应能力。开展主要水产养殖动物病原菌耐药性普查，掌握病原菌耐药性动态变化规律，推动精准用药、减量用药。

（三）标准化规模化水产养殖

建设一批海水养殖标准化示范基地，实现生产标准化、生产操作规范化、生产管理制度化、示范辐射规模化。持续创建国家水产健康养殖示范场、无公害产地。实施了水产养殖减量用药、规范用药、精准用药行动。推广和鼓励使用高效、环保的配合饲料，提高配合饲料普及率，降低了直接投喂冰鲜杂鱼使用量。

福建省累计建设标准化水产养殖池塘 26 万亩，规模 50 亩以上的池塘基本实现标准化改造，建成陆基工厂化养殖基地 2 500万平方米、环保型塑胶养殖渔排 30 多万口、深水抗风浪养殖网箱 3 100多口。宁德三都湾、沙埕港海上绿色发展养殖示范区建设加快推进。探索开展深远海养殖试点，建成“振鲍 1 号”“振渔 1 号”养殖平台，“振鲍 2 号”“振鲍 3 号”“单柱式半潜深海渔场”“外海智能型养殖网箱系统” “深远海抗风浪智能化可移动养殖平台”等项目也正在建设中。

在淡水鱼设施养殖方面，福建省淡水水产研究所承担的“大宗淡水鱼良种扩繁及山塘稻田绿色养殖模式创新与应用”项目，创制了新型鱼卵脱黏和孵化装置、气提水循环网箱培苗装置、新型土池保温棚搭建工艺等设备，研发了规模化网箱和反季节培苗工艺，建立了大宗淡水鱼新品种大规模扩繁体系，产能提高 5 倍，节约劳动力 90%，用水量减少 94%以上，保障了大宗淡水鱼产业的可持续发展。项目获得 2020 年度福建省科技进步奖二等奖。

（四）智慧渔业发展

“十三五”期间，福建省实施“智慧海洋”示范工程建设，海上交通、海洋预报、海洋渔业、海洋资源开发、海洋环境监测、涉海电子政务等领域信息化水平大幅提升，建成数字福建云计算中心等数据基础设施，海洋数据汇聚基础不断夯实，实现向数据要管理效率。持续推动数字化远洋渔业做大做强，远洋渔业综合实力保持全国领先地位：一是发展远洋渔业智能化设施。建造新型专业化渔船和节能环保安全型渔船，引进智能化探捕技术，发展北斗卫星导航系统、船位监控等导航技术，提升船载精深加工装备现代化水平，引入先进的深冷冰鲜处理技术。二是提升养殖智能化水平。运用现代信息技术与装备，构建智能化的水产养殖系统，实现养殖生产智能化管理。霞浦钦龙、光泽中科、连江南国风、厦门新颖佳等企业建设了可追溯的集约化、产业化、智能化的水产养殖基地。三是发展水产品电子商务。利用中国—东盟海产品交易所、福建鱼多多水产品电子商务交易平台、东山水产品电商产业园、“找鱼网”等水产品电子商务平台建设，鼓励渔业企业组建专业电子商务运营团队和平台，依托第三方电子商务平台开设水产品交易商场，远洋渔业已经成为福建对外合作的一张靓丽名片。

三、渔业创新体系建设

党中央对经略海洋、强化海洋强国战略科技力量高度重视。作为海洋资源大省，福建近年来着力科技创新服务海洋强省建设，助力福建海洋经济发展。“十三五”期间，“海洋高新技术”作为支撑新产业发展的重要内容，列入科技发展和创新驱动专项规划。福建省科技厅通过实施各类科技计划项目，累计安排涉海科技计划项目约 430 项，支持金额 1 亿余元，带动总投资 3 亿余元，积极引导支持高校、院所和企业围绕福建海洋领域开展科研工作，攻克一批关键共性技术，发挥科技创新支撑作用。在海洋科技创新平台建设方面，目前福建省已建设了“近海海洋环境科学国家重点实验室”和“大黄鱼育种国家重点实验室”两个国家级创新平台以及 48 个省级科技创新平台，其中省级重点实验室 18 个、省级工程技术研究中心 30 个。

（一）创新载体和平台建设

扎实推进自然资源部第三海洋研究所、自然资源部海岛研究中心、近海海洋环境科学国家重点实验室、大黄鱼国家重点实验室、福建省水产研究所、厦门南方海洋研究中心等重大创新载体建设。成立海洋生物种业技术国家地方联合工程研究中心、福建省海洋生物资源综合利用行业技术开发基地、闽东海洋渔业产业技术公共服务平台、福建省卫星海洋遥感与通讯工程研究中心等一批重大创新平台。成立福建海洋可持续发展研究院，打造立足福建、面向全国、服务全球的海洋高端智库平台。海洋产业协同创新环境不断改善，成立海洋生物医药产业创新联盟、水产养殖尾水治理技术集成与创新联盟等省级海洋产业创新联盟 4 家，积极支持大黄鱼产业技术创新等企业战略联盟建设。推动组建福建省协同创新院海洋分院，有效整合涉海科技力量，促进 390 余项海洋技术成果成功对接。突破了一批关键共性技术瓶颈，12 项成果获国家技术发明（或海洋行业科技）奖。加快推进“智慧海洋”工程建设，首次举办数字中国建设峰会智慧海洋分论坛。组织实施海洋科技成果转化与产业化示范项目 300 多项，科技成果转化率不断提升，有力推动了海洋战略性新兴产业提速增效。

（二）种业创新与产业化工程

近年来，福建省水产种业科技领域人才队伍不断壮大，加之企业研发团队，现有种业创新研发团队近 50 多个，有效推动了水产种业科技创新能力不断提高，使育种理论和技术得到快速发展。“福建省水产种业创新与产业化工程”先后进行了两轮建设。项目围绕建设水产千亿产业，重点开展种质创制和良种选育、育种技术体系建设、良种生产体系构建、种业技术创新培训与公共信息服务平台建设等工作，科研成果持续转化，水产种质创新品种创制取得新进展，突破了大黄鱼全基因组测序组装破译，建立以家系选育为核心的鲍育种技术体系和诱导三倍体牡蛎等关键技术方法。大黄鱼、鲍鱼、海带、紫菜等近 10 个福建主要经济品种初步建成基因挖掘、良种培育、安全评价、产业开发等生物育种创新和产业开发体系，选育出具有生长快、抗逆性强等优良经济性状的家（群）系近 100 个。大黄鱼、鲍鱼、海带、紫菜等经济生物种质资源收集保存与评价稳步推进，建立了主要经济品种分子遗传数据库、海藻种质库、水产生物种质资源平台，共保存大黄鱼、藻类、贝类等种质800余份，收集保存各类标本500余个，为福建水产种业发展提供了强有力的科技支撑。

（三）龙头企业科技创新与产业化发展

经过多年技术体系培育和政策资金支持，福建已经形成连江官坞、连江鑫海、霞浦一嘉、霞浦金顺丰、宁德官井洋、宁德富发、莆田海源、晋江福大、福建港德、厦门厦兴龙、漳浦鸿达等一批区域化、规模化、专业化的水产种业龙头企业。如连江县官坞海洋开发有限公司致力于海带育苗创新和良种的规模化生产，年产海带苗10多万片，苗种远销浙江、江苏、山东、辽宁等沿海地区，形成国内最大的海带育苗产业化基地。中海东壁岛（福建）投资实业有限公司致力于花蛤育苗，是我国最大的垦区育苗基地，其产量占全国花蛤苗的近50%。福建宝智水产科技有限公司致力于贝类工厂化育苗，年产1万亿粒稚贝、5 000吨中苗和3万吨成贝，年产值超过1亿元，贝类幼苗畅销福建、辽宁、山东、广东、广西等省（区）。晋江福大鲍鱼水产有限公司是福建集育种、育苗及养殖为一体，产学研相结合、育繁推一体化的现代化鲍鱼种业公司，是全国最大的绿盘鲍育苗生产企业。

第五章 农产品加工业科技

“十三五”期间，福建省对农产品加工业科技研发的支持力度进一步加大，福建省科技厅专门设立了“农产品综合加工技术及装备”科技重大专项，围绕福建农产品及食品加工利用关键技术问题，开展科学研究，组织科技攻关，开展农林畜禽水产等产品加工共性技术研究和高新技术应用并开发新产品，突破高值化利用、原料综合利用和食品有害物检测、追溯预警关键技术，研制新型节能、天然活性成分或功能性物质高效提取、分离集成和超高压冷加工等装备，加强技术的集成应用和成果转化，发挥科技创新在福建食品产业中的支撑作用。同时，在每年发布的省级科技计划项目申报指南中，都将农产品精深加工及副产物与废弃物综合利用、质量控制以及保鲜物流技术研究，高端生物保健食品、资源高附加值转化利用和天然产物有效成分的提取、分离和制备技术研究，农副产品智能、节能加工设备研发等相关内容列入，引导和支持高等院校、科研院所和企业等单位积极开展食品科技的创新研究。

据不完全统计，“十三五”期间，福建省科技厅在食品科技创新相关领域共实施 361 项省级科技计划项目，资助经费约 1.3 亿元，带动项目总投资约 294.7 亿元。通过项目带动，“十三五”期间获得专利授权 251 项，获得新产品 69 个，食品科技创新相关项目取得了较好的成效。取得了一批重要科技成果，建设了一批创新基地，培育了一批优秀人才，组建了产业技术创新联盟，食品科技创新能力不断增强，食品装备行业整体技术水平显著提高，食品安全保障能力稳步提升，有力支撑了食品产业持续健康发展。2020 年，福建省规模以上食品工业企业 2 402家，实现营业收入达 6 169.07亿元，稳居全国第五位。达利食品、福建圣农、安井食品、福建海新、福建傲农生物科技 5 家企业入选全国农产品加工百强企业[26]。全省农产品加工业与农业总产值比达到 3.8∶1，高于全国平均水平（2.4∶1），其中食品工业与农林牧渔业的总产值之比达 1.26∶1。食品产业不仅大量转化了大宗农产品，也大幅度增加了农民收入和农业效益，带动了农民脱贫致富和农村经济的健康发展。

从规模以上食品工业企业开展科技活动的统计数据看（表 5-1），R&D 人员数量从 2016 年的10 690人增加到 2020 年的13 087人，增长 22.4%；R&D 人员折合全时当量从 2016 年的 6 853人年增加到 2020 年的 9 350人年，增长 36.4%；R&D 经费内部支出从 2016 年的 29.63 亿元增加到 2020 年的 45.71 亿元，增长 54.3%；有效发明专利数量从 2016 年的 922 件增加到 2019 年的 1 443件，增长 56.5%；新产品开发经费支出从 2016 年的 28.92 亿元增加到 2019 年的 46.25 亿元，增长 59.9%。显示“十三五”期间福建农产品加工业企业开展科技活动的规模与能力持续增强（表 5-1）。

表 5-1　“十三五”期间福建规模以上食品工业企业开展科技活动情况

年份	企业数（个）	从业人员数（万人）	工业总产值（亿元）	R&D 人员（人）	R&D 人员折合全时当量（人年）	R&D 经费内部支出（亿元）	来自政府部门的研发资金（亿元）	有效发明专利数（件）	形成国家或行业标准（项）	新产品开发经费支出（亿元）
2016	2 384	46.66	5 376	10 690	6 853	29.63	1.65	922	80	28.92
2017	2 360	46.21	5 372	7 176	5 073	22.94	1.19	1 244	92	33.12
2018	2 311	45.01	5 925	11 583	7 532	36.95	0.65	1 256	44	34.81
2019	2 374	—	6 846	12 771	9 035	42.10	0.76	1 443	61	46.25
2020	2 373	—	5 808	13 087	9 350	45.71	—	—	—	—
平均	2 360	45.96	5 865	11 061	7 569	35.47	1.07	1216	69	35.77

注：数据来源于文献［27］［28］，经统计整理而成；“—”为未统计数据。

一、农产品产地初加工技术

“十三五”期间，福建省组织实施农产品产地初加工补助项目，支持农民合作社、家庭农场和农业企业新建或改造预冷、保鲜、烘干、冷冻、清洗、分级、分割、包装等商品化处理中心和冷藏点，加强产地初加工设施装备建设，重点支持农民合作社、龙头企业等新型农业经营主体新建、改造和升级储藏、保鲜、烘干、清选分级、包装等设施装备，优先支持使用太阳能、空气源、减压贮藏、真空预冷、液氮冻结等技术的设施装备建设，重点建设蔬菜采后商品化处理中心，完善预处理及恒温处理车间、冷藏保鲜库、自动化生产线、冷链运输车、可追溯系统等设施装备，提升商品化处理能力，减少产后损失，延长供应时间，提高质量效益，有效推进肉类、水产品、蔬果等农产品冷链物流及超低温生鲜冷链物流体系建设[29]。

截至 2020 年，全省农产品初加工动力机械数量 70.65 万台，农产品初加工作业机械数量 61.56 万台（表 5-2），其中茶叶加工作业机械数量居全国第一位，占全国总数的 1/3。2016—2020 年全省累计建设组装式冷藏库 1 630座、农产品产地初加工中心756个、商品化处理中心183个，新增初加工能力30万吨，果蔬食用菌等优势特色农产品产后损失显著下降，农产品大幅增值。福建省农业科学院农业工程技术研究所作为省级技术依托单位，具体负责农产品产地初加工补助项目的技术指导，就产地初加工补助项目政策和果蔬冷藏保鲜、干燥加工技术、设施及发展趋势等内容进行培训。

表5-2 “十三五”期间福建农产品初加工机械设备数量

年份	保鲜储藏设备数量（万台）	农产品初加工动力机械数量（万台）	农产品初加工作业机械数量（万台）	粮食初加工机械（万台）	油料初加工机械（万台）	果蔬加工机械（万台）	茶叶加工机械（万台）
2016	1.29	71.30	62.15	11.45	1.57	1.28	46.70
2017	1.33	71.01	62.07	11.40	1.53	1.33	46.86
2018	1.32	70.19	60.76	11.41	1.52	1.37	45.81
2019	1.34	70.45	61.23	11.35	1.52	1.41	46.25
2020	1.36	70.65	61.56	11.39	1.52	1.44	46.49

注：数据来源于文献[9]～[12]。

通过实施农产品产地初加工项目，明显改善了果蔬菌产后初加工条件，使得田间水果、蔬菜、食用菌采收后能有条件迅速进入冷藏保鲜。农民能够根据市场行情决定采收和上市时间。避免了集中采收集中上市引起市场价格波动、物贱伤农现象的发生。新建的冷藏和烘干设施标准高、质量好，通过初加工设施的建设和使用，不仅改善了福建省水果、蔬菜、食用菌等农产品产地初加工设施条件，同时，带动农户形成了“学技术、用技术、建设施、促增收”的良好氛围，使更多的农户掌握了果蔬、食用菌产后初加工适用技术，提升了农产品产地初加工技术水平。

二、农产品精深加工技术

“十三五”期间，福建省高校院所、食品企业、农产品加工龙头企业为适应市场和消费升级需求，围绕福建特色农产品，重点攻关精深加工技术，以方便食用、健康养生、提取功能性物质等为目标，积极开展保健功能食品、旅游休闲食品等产品研发；以特色水果、蔬菜、茶叶为重点开发蜜饯、饮料、冻干食品、生物制剂、添加剂等精深加工产品；加强生猪、肉禽、牛羊、蛋奶精深加工产品研发，建设一批精深加工项目；以海水捕捞鱼类、水产养殖鱼类为重点，开发水产品加工新产品、精深加工产品、功能食品和高值化产品。取得了一批重要科研成果并得到产业化应用。

福建农林大学食品学院承担的“金柑加工及综合利用关键技术的创新与产业化”项目，以新鲜金柑果为原料，突破传统盐胚工艺，集成真空渗糖和微波真空干燥技术生产低糖、原味金柑果脯，形成一套系统的金柑果汁加工技术体系，采用新工艺开发金柑果酒、果醋、金柑多糖、柠檬苦素化合物、果皮精油、籽油和膳食纤维等，建立了系列有效功能成分快速检测技术。项目获得 2016 年度福建省科技进步奖一等奖。

福建农林大学食品学院承担的“莲子精深加工关键技术的创新与应用”项目，创建了莲子淀粉复合物改性技术体系，构建了莲子食品的工程化开发体系，攻克了莲子产品品质劣化的技术难题，集成创新了一系列莲子加工关键技术，开发出一系列莲子深加工产品，实现产业化应用。项目获得 2017 年度福建省科技进步奖一等奖。

福建农林大学食品学院承担的“魔芋精深加工关键技术研究与产业化”项目，系统开展了魔芋粉品质特性、魔芋食品理论与开发研究，集成创新了一系列魔芋精深加工关键技术，实现魔芋产业的升级。项目获得 2018 年度福建省科技进步奖一等奖。

集美大学承担的“柚类水果采后高值化加工关键技术及产业化”项目，研发了柚类水果采后商品化加工技术及装备，基于香气成分、柠檬苦素及柚皮苷等关键品质成分的差异建立柚类水果分型分级技术，建立了柚类果汁、功能组分和副产物精深加工技术，突破柚类水果精深加工技术瓶颈。项目获得 2020 年度福建省科技进步奖二等奖。

福州大学承担的“红曲黄酒酿造微生物资源挖掘及应用”项目，首次解析了红曲黄酒用曲和发酵过程中微生物，并建立了发酵特性和产香特性明确的菌株库，采用纯种多菌混合酿造工艺，建立定量描述感官分析方法和风味轮，为红曲黄酒风味鉴定提供量化指标，对红曲黄酒的风味、品质和功能提升起到重要作用。项目获得 2016 年度福建省科技进步奖二等奖。

福建农林大学园艺学院承担的“乌龙茶加工配套技术创新及关键技术装备研发

与产业化”项目，研发了全天候自动化远红外晒青技术与设备、自动化做青关键技术及其装备、电磁与微波复合杀青技术及微波与远红外复合烘焙技术、闽南颗粒形乌龙茶自动成形技术及其制备，集成并研制出适合闽北与闽南乌龙茶的连续化、清洁化和自动化加工关键技术及其装备，有效解决乌龙茶在加工过程中所产生的品质下降、劳动强度大、生产效率低等一系列问题，降低人工成本，推动茶叶品质的提升。项目获得2018年度福建省科技进步奖二等奖。

福建省农业科学院果树研究所承担的“枇杷花功效成分研究与综合利用”项目，攻克了枇杷花快速干燥、茸毛分离、异味去除等技术难题，突破了枇杷花传统干燥效率低、流动性差、草青味重的技术瓶颈，发明的枇杷花穗粉碎后再造粒技术，枇杷花利用率达80%以上，创制新产品实现产业化。项目获得2017年度福建省科技进步奖二等奖。

福建省水产研究所承担的“福建特色海洋生物高值化开发技术与产业化应用”项目，以鲍鱼、河豚鱼等福建优势海洋生物资源为原料，针对可食部分和加工副产物进行综合开发利用，挖掘原料加工特性，研发水产食品、海洋功能食品和海洋创新药物，项目技术成果应用于11家食品加工和海洋生物科技企业，新建生产线14条，实现了产品增量到提质的转变和副产物的高值化利用，经济效益、社会效益和生态效益显著。项目获得2020年度福建省科技进步奖一等奖。

福建农林大学食品学院承担的“鲍鱼深加工及综合利用关键技术创新与产业化应用”项目，开展鲍鱼罐头、鲍鱼干制及冷冻鲍鱼加工关键及共性技术的研究，利用现代加工技术和装备，开发高品质鲍鱼系列产品，实现鲍鱼深加工产品的绿色、安全、优质生产。项目获得2018年度福建省科技进步奖二等奖。

福建农林大学食品学院承担的“海参加工关键技术创新与产业化应用”项目，在海参加工前处理装备研发、干制技术开发和高品质即食海参加工技术的研发方面取得实质性创新，在多家海参加工龙头企业成功应用，加工增值3倍以上。项目获得2019年度福建省科技进步奖二等奖。

集美大学食品与生物工程学院承担的“海产鱼类罐头食品加工技术的集成创新与应用”项目，系统研发过敏原削减、胺类消减、腥味祛除的海产罐头加工新技术并在多家企业应用，首次发现了细丝蛋白C等4种水产品新型过敏原，并被WHO/IUIS过敏原命名系统收录。项目获得2016年度福建省科技进步奖二等奖。

福建省农业科学院农业工程技术研究所承担的“特色食用菌高值化加工关键技术创新与产业化应用”项目，从资源开发和高值利用两个方向，明确特色食用菌的风味和营养成分，建成食用菌采后减损保质流通新模式，开发出一批风味独特、营养及功能齐全的食用菌配料及功能食品，为整体推进我国食用菌产业链技术升级和健康发展提供强有力的科技支撑。项目获得2020年度神农中华农业科技奖三等奖。

福建省农业科学院农业工程技术研究所承担的“红曲黄酒优良菌株选育与酿造关键技术创新应用”项目，针对红曲黄酒加工存在的技术问题，研发了红曲黄酒酿造优良菌株、控酸发酵、降低红曲黄酒热性指数等关键技术，实现了对传统红曲黄酒酿造的技术革新，破解了传统红曲黄酒酿造存在过度酸化、苦味重、产品热性高易“上火”等的技术瓶颈，有力推动了红曲黄酒产业技术进步。成果技术在企业转化应用，累计生产红曲黄酒2.52万吨。

厦门大学海洋与地球学院研究团队在海洋动物抗菌肽研究取得新的突破，从我国重要海洋经济养殖品种拟穴青蟹中首次发现新型抗菌肽，并取得农业农村部抗菌肽基因工程产品生产应用安全证书，也是迄今我国第二个海洋动物抗菌肽生产应用安全证书。青蟹抗菌肽scy-sphistin具有抗菌效果好、不易产生耐药性、无残留等特点，利用基因工程技术在毕赤酵母表达的抗菌肽scy-sphistin产品，可研制成不同用途的产品，具有技术先进、工艺简便、生产成本低的特点。厦门海嘉成生物科技有限公司已获得了该抗菌肽相关专利转让。产品一旦推广应用，将可作为抗生素的安全有效替代品应用于医药、食品和畜牧水产养殖业，具有良好的产业发展前景。

三、传统主食加工技术

随着我国城镇化、工业化和市场化的快速发展和户均人口的减少，人们的餐饮方式与消费观念正在从消费型向享受型转变，美味、方便、快捷、营养、安全、卫生成为主食消费的基本要求。千百年来以家庭自制为主的格局正在向社会化供应的方向发展，传统主食加工业由此应运而生。所谓主食加工业指应用现代科学技术和先进装备，以定量化、标准化、机械化、自动化加工代替传统手工制作方式，实现工业化生产的过程。由主食加工业生产的产品称为主食加工产品。主食加工产品已频繁出现在百姓餐桌，成为我国城乡居民终端食品消费的主要方式和主体。“十三五”期间，福建省高校院所和食品企业深入开展特色主食加工技术研究，积极打造质量过硬、标准化程度高、营养安全便捷的主食品牌。

福建农林大学食品学院承担的“即食米饭加工关键技术的研发与应用”项目，采用常温微发酵技术制备微酸性且富含L–酪氨酸的发酵液应用于即食软米饭的蒸煮工艺，将复合返生抑制剂应用于速食粥的蒸煮工艺，有效解决了即食米饭在贮藏过程中的黄变、复水度差、香气风味下降等产业关键共性问题，提高了即食米饭的口感、风味、营养性以及耐储性。项目获得2018年度福建省科技进步奖二等奖。

由燕之屋与厦门海关共同完成的“即食燕窝系列产品的关键技术创新及其产业化”项目，利用核磁、LC–Q–TOP、红外光谱、拉曼光谱等技术建立了一系列燕窝真伪鉴别技术，建立了高标准严要求的燕窝产品质量指标，并研发即食燕窝系列产品，为消费者提供即食、方便、健康、安全的放心燕窝。项目获得2020年度中国食品工业协会科学技术奖特等奖。

福建省亚明食品有限公司专注中餐预制菜肴，满足顾客更好的体验需求。该公司主要生产畜禽肉调理制品、卤制品、鱼糜制品和港式面点等产品，年主营业务收入超3亿元。该公司一直重视预制菜产品的开发，集成采用快速冻结、微波解冻、气泡清洗等新技术，探索新工艺新配方，使食材色泽、风味和口感更佳，让顾客有更好的产品体验感。该公司承担的“中式鱼糜菜肴加工关键技术的创新与应用”项目获得2020年度中国食品工业协会科学技术奖一等奖。

福建安井食品股份有限公司深耕产品开发，传承中华美食。该公司主要生产速冻鱼糜制品、速冻肉制品、速冻米面制品、速冻菜肴制品300多个品种，年主营业务收入超11亿元。企业积极搭建科研平台，建有国家企业技术中心、冷冻调理水产品加工重点实验室，积极与高校、科研院所开展产学研合作，具备高效的研发能力。企业原辅料采购与农业关系紧密，每年大宗采购鱼糜、肉类和粉类等农产品。

福建正大食品有限公司强化科研投入，驱动新品迭出。该公司主要生产冷冻鸡、调味鸡块、调味肉串等产品，产品主要供应肯德基、德克士、麦当劳等客户，年主营业务收入超21亿元。公司注重技术创新，总裁任技术中心负责人，每年投入科研经费高于销售收入5%，每年均能推出5～10个新产品和新工艺，目前鸡肉调理品等系列种类已达138种。

信华食品（漳州）有限公司追求面米制品卓越风味，打造米汉堡拳头产品。该公司主要生产包子、香肠、火腿、肉粽、水饺等系列产品，年主营业务收入超4亿元。企业在面米制品上坚持技术创新，不断开发新产品满足消费者个性化和多样化需求，开发的拳头产品米汉堡引领了一波消费高潮。产品质量把控上，以“提供客户满意值高品质产品”方针让员工形成统一认识，并在原辅料供应、生产质控、产品检测方面严格把关，确保质量。

福建立兴食品有限公司迎合需求，创新供给，发明新型冻干主食产品。该公司主要生产冻干速食粥、冻干米饭、冻干面条、冻干米粉等系列产品，每年生产各类冻干产品4 000吨，主营业务收入近3亿元，产品主要出口欧盟、美国、日本等发达国家和地区，冻干生产规模和市场占有率在国内均位行业前列。其冻干主食产品是一种新型的速食食品，基本保持了原有物料的风味、色泽、品质和营养，满足了民众方便快捷、营养健康的生活需求，极大丰富了人民的餐桌饮食。

四、农产品及加工副产物综合利用技术

福建省特色农产品资源丰富，随着农产品加工业的快速发展，粮食、蔬菜、水果、食用菌、畜禽、水产品等加工副产物总产量不断增长。农产品及加工副产物有很高的综合利用价值，是营养、能量和可利用物质的主要来源。农产品及副产物资源的综合利用提高了其附加值，同时也提升了农产品加工业的竞争力。“十三五”期间，福建省农产品加工企业和科研院校重视挖掘农产品加工潜力、提升增值空间，研发、引进先进加工技术及装备，主攻农产品及其加工副产物的梯次利用、循环利用、全值利用。积极采用先进的发酵、提取、分离和制备技术，建立副产物收集、运输和处理渠道，利用柑橘类残次果、皮、渣生产果胶、精油、有机肥料，利用畜禽血骨、内脏生产血浆蛋白粉、血球蛋白粉、休闲食品，利用薯类藤、皮、边角料生产酒精、醋酸、宠物食品，利用茶梗、茶渣生产茶多酚、咖啡碱、速溶茶，利用水生生物和加工废弃下脚料开发海洋医药、生物制品、生物材料、农业绿色制品等产品。进一步延伸农业产业链，提升农产品附加值，推动农业绿色发展。

福建农林大学承担的“水产蛋白金属修饰肽—魔芋葡甘聚糖偶联功能化及应用关键技术研究”项目，利用水产副产物水解肽为配体与金属配位，制备了蛋白水解肽—金属配合物，开展了蛋白水解肽—金属配合物对紫贻贝、克氏原螯虾体内Cd的脱除效果，以及对养殖水产动物的免疫增强效果，有效解决了水产养殖动物体内有害重金属残留和致病微生物高检出率等问题。项目获得2016年度福建省科技进步奖二等奖。

福州大学承担的“食品源抗氧化肽制备关键技术及产业化应用”项目，针对食品源抗氧化多肽制备得率低、工业化应用严重受限等瓶颈问题，以水产加工副产物

为原材料，创新集成加工精细分割技术体系、蛋白质提取、生物酶协同作用和现代生物分离技术，高效制备抗氧化多肽，有效提高加工副产物附加值，拓展功能性食品开发领域，增强高附加值产品开发与利用价值。项目获得2017年度福建省科技进步奖二等奖。

福州大世界天然食品有限公司围绕加工橄榄汁过程中废弃产物进行资源化综合利用，将生产过程中产生的果皮、果渣等废弃物用于橄榄纤维粉加工与生产；剥离出来的橄榄核，用于生产橄榄核仁并提取核仁精油，其表面的木质用于活性炭生产加工；橄榄汁生产过程中产生的废水用于提取橄榄多酚，实现橄榄全果肉综合利用。公司年生产橄榄汁量为20 000吨，橄榄纤维粉量为50吨，橄榄核仁精油量为10吨，橄榄多酚量为10吨，实现主营业务收入为2亿元。

厦门市江平生物基质技术股份有限公司开发出纳米膜智能好氧发酵农业有机固体废弃物生产有机肥技术，围绕将食用菌渣、谷壳、豆粕、酒糟、食品加工副产物等各类农业有机固体废弃物，通过纳米膜智能好氧发酵技术，化废为宝，循环利用，生产出高质量的生物基质、有机肥。2018—2020年处理农业有机固体废弃物38万吨以上，产出基质、有机肥共约34.2万吨，企业新增产值2.95亿元，实现主营业务收入4.7亿元。

福建圣农控股集团有限公司开发出畜禽加工废弃及畜禽粪污弃物综合利用循环经济发展模式。该案例模式围绕畜禽养殖、宰杀、食品加工过程中所产生的废弃物料进行绿色开发、深度转化。首创鸡粪有机肥发酵工艺，利用鲜鸡粪制造有机肥，并建设鸡粪发电厂，处理鸡粪；利用鸡下脚料提炼鸡油、鸡精、鸡骨粉，生产新型动物蛋白饲料，打造循环经济产业体系，形成废弃物综合利用“无污染、零废弃”的循环经济发展模式。近年来累计转化鸡下脚料14.5万吨，利用鲜鸡粪制造有机肥，年可生产有机肥30万吨。鸡粪和谷壳混合燃烧发电，月处理鸡粪1.2万吨，月发电量达460万千瓦时，实现经济效益和生态效益双丰收。

福建容和盛食品集团有限公司围绕血液、羽毛等猪、鸡畜禽屠宰废弃物进行资源化综合利用。畜禽屠宰后的血液经离心分离、超滤浓缩后通过高温瞬间喷雾干燥，生产出高品质动物蛋白饲料原料“饲料用喷雾干燥猪血浆蛋白粉”“饲料用喷雾干燥猪血球蛋白粉”；畜禽羽毛经高温高压水解化制后烘干，生产出“饲料用高温高压水解羽毛粉”。2018—2020年利用血液4 199吨，鸡毛12 456万羽，猪毛791 186头，生产出“饲料用喷雾干燥猪血浆蛋白粉”209.96吨，“饲料用喷雾干燥猪血球蛋白粉”629.88吨，“饲料用高温高压水解羽毛粉”5 581.6吨，综合利用实现产值2 000多万元。

福建巴威生物科技有限公司围绕蜜柚落果、裂果、柚果储存后期次果、霉烂果等蜜柚废果进行资源化综合利用，将蜜柚废果粉碎后的果渣、废果汁通过有益菌发酵、添加微量元素，把废果渣做成有机肥、土壤调理剂、微生物肥料，废果汁做成高端的叶面肥和冲施肥营养液。公司年处理蜜柚废果6 000吨，生产水溶肥1 200吨，营养液800吨，固体有机肥3 000多吨，土壤调理剂1 000吨，实现总产值1 500万元。

福建仙洋洋生物科技有限公司通过熟化茶渣发酵生产菌茶生物饲料。利用发酵工程发酵熟化茶生产微生物饲料，提高了饲料的利用率，改善饲料品质，消除了环境污染，变废为宝，有利于缓解国内蛋白质饲料原料紧缺的问题。菌茶生物饲料年产能达3万吨，预实现主营业务收入2亿元。

福建省福泉春食品股份有限公司围绕谷壳、麦麸进行资源化综合利用，将原来只用大米或糯米酿造永春老醋，改为在大米中加入谷壳及麦麸来酿造永春老醋，减少大米的使用量，利用谷壳、麦麸中的有效成分，通过发酵对有效成分进行回用，制造生产永春老醋。发酵完后仍剩余40%左右的谷壳及麦麸废弃物，晒干后作为饲料，生产过程固体废物的综合利用率达到100%，2020年度企业实现产值超2 000万元。

福建泉州市金穗米业有限公司开展稻谷加工过程中副产物米糠高值利用。将米糠膨化后经冷却进入贮料间，再经刮板机输送入浸出车间存料箱，经由浸出器环行浓度递减地过滤浸出，进入混合油罐，而后经蒸发器、脱溶机等反复化学精炼，提炼米糠油。公司年处理米糠18 000吨，年产米糠油2 700吨，实现年产值3 000万元。

福建长绿食品饮料股份有限公司围绕柑橘残次果废弃物进行资源化综合利用。残次果加工成浓缩果汁，加工后皮渣废弃物内含丰富的果胶、香精油、类黄酮、辛弗林等功能成分，通过再加工可提取香精和香料，残留物干燥转化成饲料或肥料再充分利用。年生产柑橘浓缩汁904吨，柑橘浓缩汁产值1 265.6万元，实现了营业收入超1 000万元。

福建广和堂生物科技有限公司利用琯溪蜜柚残次废果，开发蜜柚精油、沐浴露、洗发露、蜜柚面膜、蜜柚膏、蜜柚酱等蜜柚化妆品和蜜柚食疗食品等产品。年综合利用蜜柚残次废果1.2万吨，实现产值5 365万元，利润1 076万元。

连城县连通饲料有限公司以鲜地瓜藤蔓、地瓜皮、花生秧、百香果藤叶、果皮、果壳、葛根渣、中草药、稻壳米糠、米酒糟、秸秆等为原料，加工生产富硒饲料、酵母菌和有机肥。年综合利用原料3.5万吨，实现产值6 500万元、利润405万元。

漳州市同发食品工业有限公司利用秸秆、麦草、禽兽粪便等废弃物进行双孢菇培养料发酵，将“草渣”“茶渣”等食品加工废弃物变废为宝，蘑菇种植采摘后，将废弃的蘑菇土用于生产有机肥。年综合利用副产物4万吨，实现产值6 100万元，利润1 830万元。

福建省贝类水产品产量高、品种多，促进废弃贝壳资源高值化加工综合利用，是一项重要的研究课题。“十三五”期间，福建省高校、企业开展9项贝类全值化开发/副产物综合利用研究，涉及牡蛎、鲍鱼、花蛤等多个品种，补助资金总额760万元，带动项目主体研发投入1 500万元以上，形成了一系列贝类资源全值化开发的新技术、新产品，开发出基于牡蛎壳的功能性环保纺织涂层材料，以及改性牡蛎贝壳粉、新型钙营养补充剂、高品质石决明、珍珠层粉、鲍壳源色素等系列产品，并开展应用推广，实现贝壳资源高值化利用。为贝类资源特别是贝类加工下脚料、废弃物综合利用提供了技术支撑，取得显著的经济、社会效益。

五、农产品（食品）质量安全技术

质量是特色农产品的生命线。加强质量控制体系建设，确保特色农产品及加工产品高品质与质量安全，控制产业发展风险，才能有效促进特色农产品品牌创建和特色产业持续发展。“十三五”期间全省优质绿色农产品供给明显增加，质量安全监测总体合格率98.6%，农产品质量安全水平保持全国前列。

（一）生产和产品标准体系

“十三五”期间，福建省大力实施农业标准化战略，加强国际标准的跟踪、研究和转化，推动与国际标准的接轨。实施特色农产品生产标准制定和提升行动，突出优质、安全、绿色导向，强化特色农产品地方标准制修订，健全完善覆盖生产、加工、仓储、物流等环节的标准体系，做到有标可依。率先执行国家标准，鼓励企业制订和完善企业标准。强化标准转化，制订与现有国家标准、行业标准、地方标准相配套的生产技术规范和操作规程。加强标准宣贯与培训，提高用标水平，做到有标必依，组织标准化生产技术和管理措施的示范推广。推行产地标识管理、产品条码制度和源头赋码，做到质量有标准、过程有规范、销售有标志、追溯有渠道。

国家奶业科技创新联盟于2016年正式成立并制定了“优质生乳—绿色低碳工艺—优质乳产品”全产业链的高质量发展标准，奶业优质发展成为行业的共识。福建长富集团作为联盟副理事长单位，积极践行优质乳工程，对生产工艺、设备进行换代升级，多措并举建立优质奶源、优质加工工艺、优质消费冷链三大技术无缝衔接的产业体系，确保每一盒巴氏鲜奶都达到品质优异、营养丰富、活性健康、低碳环保的优质乳国家标准。凭借优质产业链和过硬的品质，长富集团成为全国首家全品项巴氏鲜奶连续获得国家优质乳工程认证的乳企。

（二）投入品和产品检测技术

“十三五”期间福建省加强农产品质量安全检验检测体系项目建设，大力提升农产品检验检测能力和水平，配齐配全相应的快检设施设备，实现特优区内特色农产品生产基地快检全覆盖，定期开展特优区内特色农产品生产资料监督检查，确保特色农产品生产投入品的安全。研究和检测机构积极开展农产品质量安全检测技术研究，取得了不少成果。“食品中痕量危害物精准检测与结果溯源关键技术研究及应用”项目，围绕食品中痕量危害物精准检测与结果溯源技术开展研究，形成了涵盖痕量农药、抗病毒药物、抗生素及染料等危害物的系列精准检测方法，研制系列国家基体标准样品实现对分析结果“可追溯性”与“可靠性”的控制，项目获国家授权发明专利4项，发布国家标准样品5个，其中GSB11-3346-2016成为中国首次海峡两岸食品农产品能力验证测试样，制定技术标准5项。“食品化学安全因子的高效筛查及精准检测关键技术研究与应用”项目，针对“无标可依”“非法添加”“掺杂使假”等现阶段突出的食品安全问题，围绕着食品安全化学安全因子（农兽药残留、食品添加剂、非食用物质、生物毒素等）的精准、快速、非靶向检测和设备研发技术构建，为进出口食品安全严格把关，助力全省“食品安全放心省”建设，项目成果涉及15项164种影响食品安全化学因子物质检测方法，检出限均在微克/千克或毫克/千克级，关键技术指标完全符合国际相关法规要求，获国家发明专利6项，并依托关键技术形成了5项检验检疫行业技术标准和3项国家检测标准。

（三）产品追溯和质量监管体系

“十三五”期间，福建省农业农村厅积极推行食用农产品合格证与一品一码追溯并行制度，建立福建省食用农产品合格证与一品一码追溯并行系统，重点加强农产品质量安全可追溯平台监管应用，引导农业生产经营主体应用网络化、信息化技术，全省共有2.18万家各类新型农业经营主体纳入平台监管备案，上市销售前农产品赋码出证134.1万批次，推动食用农产品凭证准出、全程追溯。将农产品质量安全追溯与农业项目安排、农产品品牌评定等挂钩，全省已有4 000家生产主体进入省农产品质量安全追溯监管信息平台，实行源头赋码、标识销售，切实做到“生产有记录、信息可查询、流向可跟踪、产品可召回、质量有保障”。

第六章 生态安全农业科技

“十三五”期间，福建省委办公厅和省政府办公厅先后制定出台《关于创新体制机制推进农业绿色发展加快建设生态农业的实施意见》《福建省加快培育发展农业面源污染治理市场主体方案》等政策文件，着力构建推进农业绿色发展“四梁八柱”，加快农业减排固碳，提升生态农业碳汇，有力推动福建特色现代农业转方式、调结构、促升级。一是实施高标准农田建设，构建用地养地结合的培肥固碳模式，提高农田土壤固碳水平。二是持续开展化肥农药减量增效行动，每年生产商品有机肥800万吨以上，推广使用有机肥2 000万亩，推广绿色防控技术2 800万亩次[30]。“十三五”全省化肥、农药使用量累计分别减少15.2%、20.1%。三是实施茶产业绿色发展行动，不用化学农药示范茶园基本全覆盖，全省生态茶果菜园占70%以上，茶叶抽检合格率都在99.5%以上；武夷山燕子窠“无化肥无化学农药”生态茶园建设模式得到习近平总书记的点赞，农业绿色生态发展正在从试验试点转向面上推进。四是推广健康低碳养殖，实施畜禽粪污资源化利用提升工程，大力推进畜禽养殖废弃物资源化利用，畜禽粪污综合利用率达90%。五是探索建立“以地定养、以养肥地、种养对接、异地循环”的循环农业模式，建设生态果茶园，增强作物碳汇能力，深挖土壤固碳潜力，探索创新了“五节一循环”生态农业、“生态+”绿色农业等32个典型模式，打造了光泽农业废弃物全产业链全量利用、安溪山水茶林草和谐共生绿色发展、福清沼液集中处理利用等一批示范样板。六是初步形成了包括畜禽动物重大疫病防控、农林作物重大病虫害防治、外来生物和外来动植物疫病虫害入侵防御在内的动植物保护创新体系，在保障农林牧业可持续健康发展、农产品质量安全、公共卫生安全等方面发挥了重要作用。

2016—2020年，福建省科技厅投入省级科技经费超过8亿元（包含非农业部分的生态保护技术），重点组织实施近3 500项涉及生态保护修复、环境污染防治、绿色低碳经济、海洋生态、清洁能源等方面的技术研发项目（其中省科技重大专项35项，安排经费5 545万元），并建有18个省级以上可持续发展实验区。通过实施科技重大专项、科技创新平台建设项目、区域发展项目、产学合作重大项目和引导性项目等科技计划项目，布局了一批创新平台，取得了一批关键技术，培养了一批学术带头人和科研骨干，转化了一批应用性科技成果，为福建生态文明建设提供了强大的科技支撑。

一、土壤质量提升与保育技术

“十三五”期间，福建严格落实政府耕地保护责任，严格控制建设项目占用耕地，加强永久基本农田特殊保护，连续21年实现全省耕地占补平衡。大力推进高标准农田建设，打造生态循环、环境优美田园。全省高标准农田保有量超过1 100万亩，农田灌溉水有效利用系数达到0.557。

（一）高标准农田建设与保护

“十三五”期间，福建坚守耕地保护“量质并重”和“用养结合”理念，大力推广“测、养、替、改、轮、减”等技术措施，耕地质量得到明显提高，新建高标准农田148万亩。与2015年相比，2019年全省耕地质量等级达到5.16个等级，2020年耕地质量比2015年提高0.759个等级，超额完成“十三五”规划提升0.5个等级的目标。到2020年，全省累计建成高标准农田超过1 110万亩，为有效保护和利用耕地作出了积极的贡献。

在保护、提高耕地质量方面，福建各地着力创新投入机制，发挥财政补助资金的杠杆作用，鼓励农业规模经营主体投入，共同致力耕地质量提升，“十三五”期间，各级财政投入近6亿元。同时，坚持技术创新，持续培肥土壤，发展冬种紫云英绿肥、稻田秸秆粉碎还田，资源化利用畜禽粪污，增施有机肥，“十三五”期间累计推广面积3 773万亩。持续减施化肥，采用政府购买服务、物化补助等方式，示范推广测土配方施肥、水肥一体化、机械深施、新型肥料等减肥技术，改进施肥技术，减少不合理施肥，提高肥料有效利用，“十三五”期间，全省累计推广测土配方施肥技术1.15亿亩（次），2020年全省农用化肥用量比2015年降低了18.5%。持续治理酸化，“十三五”期间，投入3 500万元，在宁化、平和等17个县（市、区）治理土壤酸化问题，酸化得到初步缓解，有效钝化土壤重金属活性，土壤质量得到提升[31]。坚持示范引领，在各类新型农业经营主体建立示范片，开展指导服务、模式攻关、集成应用，让农民一听就懂、一看就会，起到良好的示范带动作用。“十三五”期间，累计组织专家巡回指导135批642人次，建立各类示范片1万多个，示范面积达100多万亩以上[32]。

（二）耕地土壤监测预警

截至2020年，福建省农业农村厅在全省农用地建立30 000个以上的国控、省控监测点，初步建成覆盖福建主要农产品的产地环境监测预警网络。完成福建耕地土壤环境质量类别划分工作，明确了福建省三大类（优先保护、安全利用、严格管控）面积、分布及污染物类型，为全面推进福建耕地分类管理，逐步建立完善耕地污染风险管控、修复技术体系，为农产品质量安全提供坚实依据及基础。

福建农林大学等单位采用GPS、GIS与数学模型集成技术开展全省各地区耕地地力调查与质量评价工作，查清了各县（市、区）耕地地力状况及其障碍因素，建立了各地区耕地资源大数据及其信息管理系统，深入开展了省域耕地质量变化、土壤酸化、土壤碳源/汇动态及其演变规律、耕地土壤氮磷富集及其生态风险、耕地粮食生产主要限制因素、耕地化肥资源优化配置等专题研究，提出福建省中低产田改良、科学合理施肥、耕地质量建设及化肥资源优化配置等建议[33]。

（三）水土保持技术

长汀水土治理成就，科技支撑发挥重要作用。“十三五”期间，长汀县实施水保人才战略，建立健全了长汀水土保持院士专家工作站、长汀县博士后研究工作站、长汀县博士工作站、南方水土保持研究院和福建省（长汀）水土保持研究中心等“三站一院一中心”科研平台，全面加强与高等院校、科研院所科技协作[34]。在国家科技支撑计划项目“南方红壤水土流失治理技术研究与示范”（福建农林大学主持）、福建省科技重大专项“水土流失初步治理区生态循环与产业提升技术研发与示范”（福建省农业科学院主持）等的支持下，长汀积极开展土壤诊断、生态种植、生态养殖等技术研究。迄今140多万亩水土流失地已大部分披上了绿衣，实现从“荒山秃岭”到“绿水青山”再到“金山银山”的喜人变化。长汀成为南方水土流失治理的典范和福建生态省建设的一面旗帜。

福建省农业科学院土壤肥料研究所承担的“福建红黄壤茶园与旱地沃土技术模式研究与示范”项目，研发适用于南方丘陵岗地红黄壤区茶园和旱地，且有利于耕层土壤快速熟化、结构改良、保水保肥能力提升的配套耕作制度与施肥技术，在南方丘陵岗地红黄壤区茶园开展沃土技术模式集成与示范，对福建乃至我国南方红黄壤区茶园与旱地地力培肥有着重要的指导意义和推广价值。项目于2016年获得福建省科技进步奖二等奖。

（四）土壤环境修复技术

厦门理工学院承担的“土壤环境修复与系统调控技术研发及其应用”项目，开发了土壤中非水相液体污染物的电动力修复技术，基于表面活性材料的土壤修复技术，以及电絮凝与膜处理两阶段土壤修复废水处理与回用技术，形成了一整套土壤有机污染原位修复技术，成果在福建、江苏、广东、山东等地成功应用，直接经济效益上亿元。项目于2017年获得福建省科技进步奖二等奖。

福建农林大学资源与环境学院承担的“基于微生物胞外呼吸原理的电子垃圾污染土壤原位修复治理研究”项目针对电子垃圾污染土壤潜伏期长、治理难的特点，提出原位修复的可行措施，形成电子垃圾污染农田原位修复技术体系及示范；“土壤重金属污染治理的生物淋滤脱毒技术与设备”项目针对福建省土壤重金属污染修复缺乏适用技术的现状，建立能连续运行的土壤重金属污染生物淋滤脱毒装置并进行中试工程示范；同时，还积极推进“农田土壤有机质提升”“新型牡蛎壳土壤调理剂生产技术的开发”等项目研究。

此外，福建省还进一步加大土壤污染防治平台建设，依托福建省土壤环境健康与调控重点实验室、福建省污染控制与资源循环利用重点实验室和福建省地力培育工程技术研究中心等平台建设，大力提升福建土壤环境健康与调控科学技术研究能力，加大土壤污染治理与修复技术研究与应用力度，并着力使一批适用技术得到有效推广。

二、化肥农药减施增效技术

（一）技术推广应用

“十三五”期间，福建省在化肥农药减施增效技术研发方面已取得了明显成效，尤其是在农田生产模式、长期定位监测、生物防治、病虫害智能监测预警、害虫理化诱控、发酵床和饲用昆虫转化、作物绿色增产增效技术模式的多样化、种养加一体化循环农业技术模式的规模化集约化等方面积累了大量的成果与经验，在劳动力密集型生产模式上应用优势明显。

一是施肥施药结构进一步优化。通过测土配方施肥项目，大力推广测土配方施肥、有机肥替代化肥、水肥一体化等减肥增效技术合理运用，推进农机农艺融合，推广机械施肥、种肥同播、水肥一体化等技术，化肥利用效率得到提高。2020 年，开展测土配方施肥 3 078万亩次，化肥使用量比上年减少 2.7%。推进秸秆养分还田、畜禽粪便资源化利用，种植绿肥，用有机肥替代部分化肥。绿肥种植面积超过 308 万亩，推动秸秆还田 393 万亩，推广有机肥 2 012万亩。二是施肥施药方式进一步改进。在农药减量增效技术推广方面，集成推广了一批生物防治与化学防治相结合、农机与农艺相配套、农药与药械相适应的综合技术模式。捕食螨等天敌生物控制与 Bt 生物制剂应用面积逐年增加，减少了化学农药使用量，实施农作物病虫害绿色防控 2 810万亩次，开展统防统治 1 250万亩次，不用化学农药示范茶园基本全覆盖，农药使用量比上年减少 2.3%。三是肥料农药利用率稳步提高。近年来随着科学施肥用药理念的发展，节肥节药技术大面积推广，绿色高效产品加快应用，专业化服务快速发展，农药化肥利用率稳步提高。2020 年，农药施用量 4.3 万吨（表 6-1），比 2015 年减少 22.6%，农药利用率达到 40.6%（与全国平均水平持平），比 2015 年提高 4 个百分点；农用化肥施用量 100.8 万吨（表 6-2），比 2015 年降低了 18.5%，化肥利用率达到 40.2%（与全国平均水平持平），比 2015 年提高 5 个百分点。

表 6-1　2016—2020 年福建省农药施用量

年份	农药施用量（吨）
2016	55 387
2017	52 167
2018	49 143
2019	45 477
2020	43 163

注：数据来源于文献[35][36]，经整理统计而成，下表同。

表 6-2　2016—2020 年福建省农用化肥施用量

（单位：万吨，按折纯法计算）

年份	化用施用量	氮肥	磷肥	钾肥	复合肥
2016	123.8	47.5	17.7	24.8	33.8

（续表）

年份	化用施用量	氮肥	磷肥	钾肥	复合肥
2017	116.3	44.4	16.5	23.0	32.5
2018	110.7	41.9	15.5	21.9	31.4
2019	106.3	39.9	14.9	20.8	30.7
2020	100.8	36.8	14.1	19.7	30.2

（二）新技术研发

“十三五”期间，福建省在化肥农药减施增效技术与害虫防控基础理论方面的研发取得一系列重要突破。

福建省农业科学院植物保护研究所承担的“小菜蛾抗药性适合度代价及药剂减量增效技术研究与应用”项目，针对小菜蛾抗药性强及农药过量使用等突出问题，经过10多年系统研究和协作攻关，在揭示小菜蛾抗药性引发适合度代价（劣势）基础上，针对性地研发了小菜蛾防控药剂减量增效关键技术，创制了适应不同系统的防控药剂减量增效综合技术模式，产生了显著的效益。项目获得2018年度福建省科技进步奖一等奖。

福建省农业科学院植物保护研究所研究团队在国际上率先提出“利用捕食螨携菌多靶标控制害虫、害螨”理论，创建害虫、害螨天敌资源库，为大田应用提供优良天敌资源；并成功地实现科技成果转化，创办我国第一家捕食螨公司。以螨治螨生防技术在我国柑橘、棉花、板栗、茶、蔬菜、苹果等产区推广4 007万亩次，田间应用天敌费用仅为化学防治的30%，年减少农药使用量40%~60%。“利用捕食螨携菌多靶标控制害虫害螨的研究与应用”项目获得2019年度福建省科技进步奖二等奖。项目主持人张艳璇研究员获得2018年度福建省科技重大贡献奖。

福建省农业科学院植物保护研究所承担的“重要作物害虫诱杀技术及产品研发应用”项目，针对我国果树、蔬菜、茶叶等农作物害虫猖獗为害、化学农药过量施用、绿色防控技术短缺等突出问题，经过合作攻关，在害虫信息素成分分析鉴定，引诱剂和缓释诱芯研发，诱捕装置设计，成套诱杀装备创制、应用技术模式开发等方面取得创新性成果，通过产业开发产生了显著的效益。项目获得2016年度福建省科技进步奖二等奖。

福建省农业科学院植物保护研究所承担的“蔬菜烟粉虱成灾机制及防控关键技术研究与应用”项目，研发出高效植物诱集杀灭、引诱剂增效诱杀、天敌日本刀角瓢虫规模释放、专效杀虫剂、精准施药联合天敌瓢虫协同控害等蔬菜抗性烟粉虱防控关键技术和产品，构建了蔬菜烟粉虱防控关键技术体系，创建了适于露地和设施栽培条件的两种集成应用模式，防效90%以上，减施农药30%以上。项目获得2020年度福建省科技进步奖二等奖。

福建农林大学等承担的“微生物农药防控茶园主要害虫的关键技术与应用”项目，通过微生物农药菌种资源库构建、杀虫功能基因利用、发酵新技术新工艺创新及微生物农药防控茶园主要害虫关键技术的推广应用，使茶园主要害虫得到有效控制，保障了茶园生产的高产、稳定，还使茶园生态环境明显改善，农产品品质（等级）得到改善，消费者满意度大大提高。项目获得2020年度福建省科技进步奖二等奖。

福建农林大学等承担的“太子参连作介导土壤环境灾变机理与消减关键技术”项目，揭示了太子参连作过程中钙信号感知系统，明确了太子参根系分泌物对根际有益菌和病原菌选择性抑制或促进的不同生态效应、特异微生物间复杂的互作关系及其作用机制，研发了2个微生物功能菌肥，构建了太子参连作障碍防控的技术体系，示范推广面积2.9万亩，累计新增产值1.638 5亿元，社会与生态效益显著，对解决福建乃至全国的药用植物连作障碍问题具有重要的指导意义和推广价值。项目获得2019年度福建省科技进步奖一等奖。

福建省农业科学院农业生物资源研究所等承担的“芽孢杆菌新资源挖掘及其生防菌剂的创制与应用”项目，围绕芽孢杆菌资源挖掘、生防机理、菌剂创制与应用等方面开展了10多年科技合作攻关，完成芽孢杆菌资源多样性调查，创立芽孢杆菌生防菌快速筛选方法，筛选到一批高效芽孢杆菌生防菌株，创新了适合于不同用途的微生物菌剂生产工艺和产品，研制出机器人堆垛自发热隧道式固体发酵微生物菌剂（生物基质）自动化生产线，创制出芽孢杆菌微生物菌剂（肥料）产品15个与功能性生物基质产品四大类17个，获得相关产品登记证15个。示范推广面积973万亩，田间病害发生率减少10%～30%，增收节支21亿元，对我国实施化学农药与肥料双减、生态保护和食品安全等发展具有重要意义。项目获得2016年度福建省科技进步奖一等奖。

由福建农林大学承担的“武夷山无化肥无化学农药生态茶园建设技术模式”，

采取茶园套作科学套种大豆及油菜，实现了化肥和化学农药零施用，合理施用茶树专用有机肥等生境优化技术，结合茶树病虫害绿色防控体系，提升茶园土壤健康、优化茶园生态环境、减少茶树病虫害发生，实现武夷岩茶无化肥无化学农药的优质、高效、绿色生产。相对于常规栽培模式，采用该模式茶叶制优率增加 20%以上，茶园减少氮沉降 30%以上，减少水体磷污染 90%，实现生态碳盈余。武夷山燕子窠生态茶园示范基地位于武夷山市星村镇，示范面积 1 000余亩，基地秉承科学管理理念、注重生态保护，坚持应用武夷岩茶无化肥无化学农药生态茶园建设技术模式，茶树长势好，茶叶产量稳定、品质稳定上升，效益好，环境美。

2018 年开始，福建省农业科学院作物研究所依托国家重点研发课题“华南区马铃薯化学肥料和化学农药减施技术模式集成与示范”，以及福建省种业创新工程薯类专题、福建省“五新”示范推广等项目，以平潭沙地马铃薯绿色、高质、高效栽培为目标，研发并组装品种、肥料、农药、农机等多学科最新技术，围绕化学肥料和化学农药减施技术，形成了“一选、两减、三高、三防”为主要内容的“1233”马铃薯绿色高效栽培集成技术。推广该集成技术实现化学肥料用量减少 20%，化学农药用量减少 30%；耕、种、收三环节机械化高效利用，田间用工减少 50%以上，绿色高效栽培技术增产 7.71%。

福建省农业科学院土壤肥料研究所在平和县开展农业农村部试点项目“柑橘果园有机肥替代化肥土壤质量监测”，采用有机肥+配方施肥、有机肥+水肥一体化、自然生草（绿肥）+配方施肥等技术模式，试验设计科学，针对性强，效果显著，与常规施肥相比，三种用肥方案平均实现有机肥增量约 53.8%，化肥减量 20%左右，蜜柚产量分别提高 15.8%、25.09%、12.97%，土壤有机质分别提高 6.3%、15.8%、11.0%。

三、农业废弃物资源化循环利用技术

（一）技术推广应用

“十三五”期间，福建省在农业废弃物资源化循环利用技术应用取得重大成效。一是推进畜禽粪污资源化利用。实行以地定养、以养肥地、种养对接，推动种养循环发展，省级以上财政投入7.74亿元，组织48个县实施畜禽粪污资源化利用整县推进项目，加快建设粪污收储运及处理利用设施设备，支持利用畜禽粪便生产有机肥，推广沼液、肥水还田利用，畜禽粪污综合利用率达90%，全国领先。积极推广异位发酵床、沼液智能化还田、牛粪发酵回用等粪污资源化利用技术，建成异位发酵床1 600多家、269万立方米。支持规模养殖场利用畜禽粪便生产商品有机肥，指导规模以下养殖场就地堆沤农家肥，建成商品有机肥厂239家。推行种养结合，全省4 000多家规模养殖场配套果菜茶、林木花卉等消纳地200多万亩，每年实施粪肥还田1 800万亩次以上。全省畜禽粪污综合利用率达90%，超过全国平均水平15个百分点以上。二是推进农业废弃物回收利用。落实绿色低碳循环发展要求，开展田园环境整治行动，积极推行清洁生产，大力发展生态循环农业，促进废弃物变废为宝。推行秸秆综合利用，福建农作物秸秆主要以水稻秸秆为主，通过采取肥料化、基料化、饲料化、原料化“四化”措施进行回收利用，并组织浦城、建瓯等12个重点县开展秸秆综合利用整县推进项目，总结推广整建制全量利用模式。全省秸秆综合利用率达90%以上。实施农膜回收利用，积极推广国标地膜、加厚地膜，增加拉伸强度，从源头保障农膜的可回收性；采用全生物降解地膜，替代不可降解地膜；推行一膜多用、行间覆盖、水稻集中育秧、蔬菜集约化育苗等节膜技术，推进农膜集约节约使用；建立农膜100%回收示范片，实施“旧膜换新膜”，引导农膜全量回收利用。全省农膜回收利用率达80%以上。开展包装物回收处置试点。积极推广使用大规格、简易包装和可降解、可回收再利用包装，对具有循环再生标志的包装物给予财政补贴；强化典型引路，在福安、建宁等12个县和上杭、仙游等9个县分别开展农药、肥料包装物回收试点，探索建立“布点收集→集中分类→规范转运→定点处置→定期结算”的回收处置体系。

（二）新技术研发

福建畜牧兽医总站等承担的“猪场粪污微生物异位发酵综合技术”推广项目，把微生物好氧堆肥发酵原理应用于处理猪场粪污，应用猪场可一次性无害化处理固液态粪污，并将其充分发酵后全部转化为固态的有机肥原料，技术工艺独特，处理效果好，形成从源头减量到过程控制的标准化、信息化和简便化的技术操作规程，实现猪场粪污资源化利用。该技术模式于2017年5月列入国务院办公厅《关于加快推进畜禽养殖废弃物资源化利用的意见》七种经济实用技术模式之一；鉴于我国南方水网区域面积广、环境承载力差，生猪养殖粪污资源化利用难度较大和治理运行成本高等实际，2017 年年末农业农村部将福建省推荐的《异位发酵床处理猪场粪污综合技术》确定列入 2018 年十大重大引领性农业技术集成示范项目，在福建乃至我国南方丘陵山地地区推广应用“猪场粪污微生物异位发酵综合技术”，对践行“绿水青山就是金山银山”绿色发展理念、促进农牧循环可持续发展、增强科技对质量兴农绿色兴农的支撑引领作用，均具有重大意义。项目荣获 2016—2018 年度全国农牧渔业丰收奖一等奖。

福建农林大学承担的“菌草生态循环产业关键技术研究与应用”项目，通过筛选抗逆性强、生物量大的草种，进行配置、建植复合草篱，把太阳能高效地转化为菌草，在短期内达到防风固土的作用，成本低、见效快；利用菌草栽培食药用菌、饲喂禽畜，提升肉品质和生产性能，同时利用菌糟开发饲料和肥料，建立植物、菌物和动物三物多次循环转化、综合利用的资源节约型、环境友好型的生产模式，创建了菌草防沙固沙技术体系，形成应用菌草生态循环产业技术体系。成果具有适应性强、用途广、产业链长等特点，能用于大江大河和湖泊的水土流失，能有效缓解我国畜牧业饲料短缺的难题，还能作为生物质能源材料，产业化前景巨大，为我国乃至世界生态治理创造新思路，对我国大力推进生态文明建设意义重大。项目获得 2018 年度福建省科技进步奖一等奖。

福建省农业科学院农业生态研究所承担的“福建红壤区水土保持—循环农业耦合开发模式与技术集成创新”项目，针对福建红壤区水土流失比较严重、山地农业生产低效等突出问题，创新构建了福建山地水土保持—现代循环农业联动发展理论框架，率先探索了农林（果）复合系统碳汇经营技术并创立碳计量方法，创立了福建山地水土流失治理与区域循环农业耦合开发技术体系，集成创建了水土流失初步治理区生态循环农业优化复合生产模式，且生态效益显著，推广应用前景广阔。项目获得 2016 年度福建省科技进步奖一等奖。

福建省农业科学院农业生物资源研究所等承担的“异位发酵床养殖粪污微生物治理工程化技术的研究与应用”项目，针对养殖污染治理和副产物资源化利用需求，从工程化技术体系构建、菌剂研发、粪污降解机理、副产物资源化利用等方面开展研究，创新设计了养殖粪污微生物治理异位发酵床处理系统及装备，研发了使用于异位发酵床的专用菌剂，探索了异位发酵床粪污降解机理和除臭机制，制定了异位发酵床的建设与管理技术标准，开展发酵床副产物资源化利用研究和推广应用，取得了良好的社会、环境、生态效益。项目获得 2017 年度福建省科技进步奖二等奖。

福建省农业科学院农业生态研究所承担的“农业废弃物多级循环利用技术集成创新与示范”项目，针对我国农业废弃物资源量大而食用菌利用转化效率低等问题，集成创新并构建了以食用菌高效开发为纽带的农业废弃物多级循环利用的技术体系，创立了高效微生物助推剂—草生菌培养料的发酵改进技术—配套小型机械的集成技术，集成研发了杏鲍菇菌渣代料栽培草生食用菌的工艺与技术并建立工厂化高效生产模式，开发新型有机肥等产品 11 个。项目获得 2017 年度福建省科技进步奖二等奖。

福建农林大学资源与环境学院承担的“有机固体废物超高温堆肥技术及应用”项目，针对我国年产有机固体废物资源化利用率不足 30% 的现状。在国际上提出“超高温好氧发酵”的新理念，研制出高附加值的堆肥化新产品，发明的超高温堆肥技术建立产业化示范基地 20 多个，累计处理城市生活污泥、畜禽粪便等有机固废超过 320 万吨，有效缓解我国固废围城与资源短缺压力，环境效益十分显著。项目获得 2020 年度福建省科技进步奖二等奖。

四、农作物灾害与动物疫病防控技术

重大病虫害和动物疫病始终是农林业生产与生态安全、公共卫生安全的重大威胁。“十三五”期间，福建省初步形成了包括农业动植物保护、林业有害生物防治和进出境动物植物检疫防控三大系统在内的动植物保护体系，在保障农林业可持续健康发展、农产品质量安全、公共卫生安全、防御外来生物和外来动植物疫病虫害入侵等方面发挥了重要作用。在推进动植物保护科技创新、加强动植物疫病虫害发生流行规律及成灾机理等基础理论研究、创新动植物疫病虫害及有害植物监测预警和综合防治技术，以及推动进出境动植物检疫检测及除害处理等技术研究方面卓有成效。

福建农林大学闽台作物有害生物生态防控国家重点实验室承担的“小菜蛾基因组的研究”项目，克服了小菜蛾基因组高度杂合的特点，成功破译小菜蛾基因组，揭示了其广泛适应性的遗传学基础以及解毒寄主植物化学防御物质和化学农药的分子机理，为复杂基因组的研究提供了重要借鉴，拓宽了昆虫的植食性和抗药性的研究思路，为小菜蛾的有效防治和可持续控制奠定了重要理论基础。项目获得 2018

年度福建省自然科学奖一等奖。

松材线虫病被认为是“松树的癌症”，我国平均每年因此造成直接经济损失18亿元。福建农林大学承担的“松材线虫病传播媒介松墨天牛高效诱剂及配套技术研发与应用”项目，率先研制出一种基于昆虫源信息素2-十一烷氧基-1-乙醇的松墨天牛高效诱剂，发明了一种高效诱剂缓释方法和诱芯制备流程，开发出APF-Ⅰ基本型、持久型、持久增强型和超强型4种高效诱剂诱芯产品，是国内外首个既能快速高效控制松墨天牛种群，又能显著阻击松材线虫病扩散蔓延的引诱剂产品，发明了一种天牛成虫诱捕器增效涂层材料及其制备方法，开发出ZM-60、ZM-80A和ZM-80B 3种新型诱捕器产品。由于项目技术成果优势突出、控害成效显著，得以快速在中国大面积推广应用，有力地提升了中国对松材线虫病的应对能力和控制水平。项目获得2017年度福建省科技进步奖一等奖。

福建省林业科学院承担的“南方林木重要害虫生防真菌资源开发与防控技术创新应用”项目，收集保藏了白僵菌、座壳孢为主的300多株虫生真菌菌株，发现了大子座座壳孢等5个新种，及赭色小莫勒菌等5个中国新纪录种，针对马尾松毛虫、木毒蛾、刚竹毒蛾、油茶粉虱等10余种南方重要林木害虫筛选了白僵菌、座壳孢高致病力菌株，优化、升级了菌剂生产工艺，并创制了新剂型，使用生防真菌杀虫剂对10余种重要农林害虫进行了林间应用技术研究，防治效果达80%以上，3年推广面积达3 000余万亩，项目获得2018年度福建省科技进步奖一等奖。该所承担的“绿僵菌核心资源发掘及其防控林业害虫关键技术创新与应用”项目，通过绿僵菌菌株资源收集、高致病力菌株筛选、生产技术优化、菌剂林间精准施菌及高效应用技术集成等方面持续研发，集成了以绿僵菌为主的南方重要林业害虫高效防治技术体系，为林业害虫防治提供了优良的生物菌剂资源与应用关键技术，项目获得2020年度福建省科技进步奖二等奖。

福建省高度重视水禽重要和新发疫病的研究，揭示了部分重要或新发病毒的致病机理，建立了覆盖水禽所有疫病病原的快速检测技术，创制了部分重要或新发疫病疫苗和检测试剂盒或诊断标准，整体水平居国内外同类研究领先水平。

番鸭细小病毒病和番鸭小鹅瘟均是严重危害我国番鸭养殖业的新发病毒性传染病。福建省农业科学院畜牧兽医研究所承担的“番鸭细小病毒病、小鹅瘟二联活疫苗研制”项目，历经十多年科研攻关，获农业农村部颁发的国家一类新兽药证书。两种疫苗具有安全性好、免疫原性强、免疫持续期长，疫苗质量稳定、保存期长等优点。雏番鸭出壳后一次免疫即可同时有效预防两种新疫病，雏番鸭免疫后成活率提高到96%以上，不仅节省人力物力成本，也减少了因多次免疫注射对雏番鸭造成的不良应激，深受番鸭养殖企业的欢迎。二联活疫苗的研制成功和推广应用，为全球水禽细小病毒病的有效防控和净化、番鸭养殖业健康可持续发展提供了关键技术支撑和物质保障，也产生显著的经济、社会和生态效益。项目获得 2018 年度福建省科技进步奖一等奖。

福建省农业科学院畜牧兽医研究所承担的“鸭传染性浆膜炎病原学及诊防技术研究与应用”项目，针对严重制约养鸭业发展的重要疫病鸭传染性浆膜炎缺乏快速诊断技术和有效疫苗，药物导致产生耐药性、环境污染和药物残留等问题，历经 24 年科技攻关，创建了 RA 精准的基因分型方法，建立了准确、简便、实用、可视化的快速鉴别诊断鸭传染性浆膜炎环介导等温扩增技术，创制了具有自主知识产权的鸭传染性浆膜炎二价灭活油乳剂疫苗，获国家新兽药注册证书，集成创建的技术体系以 700 万元转让给四家疫苗生产企业，实现了疫苗的产业化，为福建省获得的第二个、单个转让额度最大的兽用疫苗，其快速诊断该病的环介导等温扩增技术和裂解 RA 噬菌体的发现及其防治研究等居国际领先水平。项目获得 2017 年度福建省科技进步奖一等奖。

猪细菌性呼吸道病是近年来影响生猪生产的重要疫病之一，给养猪业造成了巨大经济损失。福建省农业科学院畜牧兽医研究所承担的“猪细菌性呼吸道病流行病学、病原学及防治技术研究与应用”项目，历经 14 年，通过猪细菌性呼吸道病流行情况调查，系统阐明了其流行特点及病原学特征，建立了诊断方法，制订了完善的防治方案，为有效防控猪细菌性呼吸道病提供了强有力的技术支撑，在全省 7 个地市级动物疫病预防控制中心及 1 258个猪场示范推广。项目获得 2020 年度福建省科技进步奖二等奖。

龙岩学院承担的“生猪健康养殖中疫病防控与生物饲料关键技术的研究与应用”开发了快速诊断技术，创新了疫病防控模式；首创无抗发酵饲料的自动化生产设备，提高了质量的稳定性，实现了发酵饲料工业化生产的规模；集成疫病防控技术、生物饲料及大栏饲养技术，建立了新型生猪健康养殖模式。成果应用取得了显著的社会经济效益，促进了行业科技进步，提高了猪肉产品的质量和市场竞争力。项目获得 2018 年度福建省科技进步奖二等奖。

第七章 农业科技创新体系

一、投入体系

（一）农业科研院所和农业高校科研经费投入

福建省属公益类农业科研院所共有21家，包括福建省农业科学院茶叶研究所、畜牧兽医研究所、果树研究所、农业工程技术研究所、农业经济与科技信息研究所、农业生态研究所、农业生物资源研究所、农业质量标准与检测技术研究所、生物技术研究所、食用菌研究所、水稻研究所、土壤肥料研究所、亚热带农业研究所、植物保护研究所、作物研究所，福建海洋研究所、福建省林业科学研究院、福建省淡水水产研究所、福建省水产研究所、福建省农业机械化研究所、福建省热带作物科学研究所。“十三五”期间，21家省属公益农业科研院所共承担科研课题7 598项（年均1 520项），科研项目经费内部支出16.17亿元（年均项目经费内部支出3.23亿元），发表学术论文4 418篇，出版科技著作121部，获得授权发明专利551项，植物新品种权授予数82项，软件著作权数241项，形成国家或行业标准58项（表7-1，表7-2）。“十三五”期间全省高校年均承担农业科研项目1 477项，年均农业科研项目经费内部支出1.56亿元。

表7-1 “十三五”期间福建省属科研机构承担农业科研项目情况

年份	课题数（项）	当年支出经费（万元）	当年投入人员（人年）	发表学术论文（篇）	其中国外学术刊物发表（篇）	科技著作（部）	发明专利（项）	植物新品种权授予数	软件著作权数	形成国家或行业标准（项）
2016	1 502	26 631.3	1 157.7	934	87	20	104	12	6	10
2017	1 460	26 867.1	1 140.5	917	105	18	70	8	12	11
2018	1 551	34 532.2	1 218.2	904	101	27	97	22	18	3
2019	1 537	35 974.2	1 232.2	849	131	27	132	10	62	16
2020	1 548	37 669.1	1 206.7	814	143	29	148	30	143	18

注：数据来源于本课题组收集的资料。

表 7-2 2016—2019 年福建省高校承担农业科研项目情况

年份	课题数（项）	当年支出经费（万元）	当年投入人员（人年）	发表学术论文（篇）	国外学术刊物发表（篇）	科技著作（部）
2016	1 347	13 002. 2	529. 7	1 602	619	18
2017	1 379	13 272. 0	510. 0	1 320	601	13
2018	1 523	16 663. 3	531. 2	1 307	468	8
2019	1 660	19 292. 0	817. 0	—	—	—

注：数据来源于文献[37]～[40]；“—”为未统计数据。

（二）福建省种业创新与产业化工程

优良品种是农业增效农民增收的龙头。从 2011 年起，福建省政府每年拨款 5 000万元，持续扶持福建十大特色种业的发展，每 3 年一轮，由福建省农业科学院、福建省农业农村厅、福建省林业局、福建省海洋与渔业局、福建农林大学共同组织实施。通过组织实施种业创新与产业化工程，以选用优良的种子、种苗为切入点，推进福建农业产业化重点发展的种养业上规模、增效益，形成福建种业产业新的增长点。迄今已启动了三轮该工程，其中“十三五”期间该工程共计投入 2. 5 亿元资金。第二轮于 2014 年启动，共立项 29 项，其中，10 个种业创新工程项目，15 个种业专项补助项目，4 个地方品种保护项目。

第三轮福建省种业创新与产业化工程于 2017 年启动，重点支持领域为：①推进亚热带特色作物种业创新与产业化工程；②提升区域资源化畜禽水产种业创新与产业化工程；③强化特色微生物资源种业创新与产业化工程；④促进福建省农业生物资源保存中心网络形成。第三轮工程累计自主选育 143 个新品种通过品种审定、登记和鉴定，其中农业 103 个、林业 35 个、水产 5 个，在品质、产量、抗性和设施专用等方面取得了新突破；累计收集鉴定农作物优异种质资源 1 814份，采用常规选育与分子标记技术相结合，创制了水稻、辣椒、番茄、甘薯、香菇、蘑菇等作物的优异亲本种质 776 份。累计收集保存林业种质资源 1 809份，优选优良品种（品系、无性系）45 个，率先建成全国第一个杉木第四代种质资源库[8]。

（三）福建省现代农业产业技术体系

福建省现代农业产业技术体系建设紧紧围绕福建十大乡村特色产业，针对各产业发展存在的短板和弱项，统筹农业高校、科研院所、农技推广以及农业企业资源优势和科技力量，强化科技在服务产业、培育产业、提升产业的支撑和引领作用。针对福建茶叶、蔬菜、水果、食用菌、水稻、生猪、家禽7个产业发展中面临的技术瓶颈和共性难题，开展技术攻关、集成创新和示范推广，推动各体系实现“六个一”目标（构建一套工作机制、建立一批示范样板基地、制定一套技术规范、编印一套培训教材、推广一批实用技术、开展一系列宣传报道），带动优势特色现代产业转型升级，为加快福建农业农村现代化、助力乡村产业振兴提供强有力的科技支撑。至2020年，福建省财政累计投入2亿元左右，已研发选育农业新品种（品系）800多个，引进新品种2 000多个，研发和配套新装备200多项，集成配套农业绿色节本增效技术、疫病防控技术及种养模式600多项，建立了科技试验示范基地1 000多个，举办各类现场观摩和技术培训1万多期、受训人员达150多万人次，累计节本增效300多亿元。已建成7支“首席专家工作站+岗位专家工作站+综合试验推广站”的技术创新与推广团队，拥有高级职称农业专家380多名。各技术创新与推广团队以问题为导向，开展科研攻关、技术集成和熟化配套，形成了一大批可复制可推广的实用技术，解决了一大批影响产业发展的关键技术和共性难题，对推进农业产业转型升级、打造千亿特色产业链发挥了重要作用。例如，福建百香果产业技术创新团队，筛选3个百香果优势品种，建立万亩标准化生产示范基地，集成推广了一套绿色高效生态生产技术和种植模式，全省种植面积从2016年的4万亩扩大到30万亩，全产业链产值超过60亿元。

（四）福建省农业科技创新联盟

为打破部门分割、学科界限、区域隔绝，推动产学研用有效对接，福建省农业农村厅、福建省农业科学院、福建农林大学推动成立了福建省农业科技创新联盟，选举产生了由33家单位组成的联盟理事会，按产业组建了15个专业联盟，吸引126家成员单位、600多名专家参与，建立了福建省农业科技创新联盟网站，举办了一系列学术报告会、工作推进会、现场观摩会，实现活动经常化、交流常态化、管理规范化，形成“领导小组+理事会+专业联盟”的工作格局[4]。例如茶叶专业联盟，通过实施茶园绿色标准化技术推广项目，整合了福建省农业科学院、福建省种植业技术推广总站、安溪铁观音集团等 20 多家成员单位、100 多名专业技术人员，组建 3 支服务队，建立 30 个示范基地，辐射推广标准化技术 20 多万亩。

（五）农业科技园区

农业园区示范带动效应日益凸显。坚持产业集聚，创建了 11 个国家特色农产品优势区、4 个国家现代农业产业园、1 个全国优势特色产业集群、27 个全国农业产业强镇，推动了特色产业向优势区域集中，培育了安溪铁观音、平和蜜柚、古田食用菌、福鼎白茶、光泽肉鸡等特色产业百亿强县[41]。茶叶、蔬菜等十个乡村特色产业全产业链总产值突破 2 万亿元。同安、泉州、漳州、龙岩、邵武、三明 7 个国家级农业科技园区和泉州、漳平、平和、武夷山、永安、连城、永春、邵武、仙游 9 个省级农业科技园区在全省现代农业发展进程中有效发挥了科技的引领和示范作用。至 2020 年，通过农业科技园区组织开展技术培训和讲座 15 万人次，带动农户培训 25 万人次，吸引就近就业 130 万人。

（六）福建南繁育种基地（海南）

福建省农作物南繁育种基地位于海南三亚。几十年来，以谢华安院士为代表的我省一大批育种工作者通过南繁基地，先后育成了 52 个水稻品种通过国家审定，331 个水稻品种通过福建省审定，89 个水稻品种 111 次通过我国 14 个省份审定，杂交稻种子及亲本纯度种植鉴定 40 多万份；目前全省大面积推广应用的水稻新品种，80%以上是通过南繁加代配制育成的。至 2020 年福建南繁育种基地累计培育出农作物优良品种 600 多个，创制各类育种材料 500 多万份，加代繁育优良种子 200 多万公斤[42]。

（七）高层次人才计划

在农业科技人才投入方面，创新农业科技选才用才办法。福建省实施“海纳百川”高端人才聚集计划，在农业科技领域，共遴选出三批省“双创人才”42 名[4]。

截至2020年，在农业科技领域共有13人、2个团队和1个基地入选科技部创新人才推进计划，31个人入选国家现代农业产业技术体系岗位科学家，建立36个综合试验站，2个团队入选国家林草局林业科技创新团队。

二、研发平台

截至2020年，福建省农业科学、食品科学、农业环境科学等领域拥有的省部级以上（含厦门市审批和厦门大学审批）科技研发平台及科技支撑平台共200多家（表7-3至表7-12），其中“十三五”期间新增的省部级以上平台共有50多家。

（一）福建省属农业科研机构科技创新与服务平台

详见表7-3和表7-4。

表7-3　2020年福建省属公益类农业科研院所科技创新平台

平台名称	依托单位	审批部门	审批年份
科学与工程研究类			
水稻国家工程实验室	福建省农业科学院水稻研究所	国家发改委	2011
湿润亚热带山地生态重点实验室	福建师范大学地理研究所	科技部	2014
福建省作物种质创新与分子育种重点实验室	福建省农业科学院水稻研究所	科技部	2010
福建省作物分子育种工程实验室	福建省农业科学院水稻研究所	福建省发改委	2008
福建省农产品质量安全重点实验室	福建省农业科学院农业质量标准与检测技术研究所	福建省科技厅	2019
福建省蔬菜遗传育种重点实验室	福建省农业科学院作物研究所	福建省科技厅	2019
福建省禽病防治重点实验室	福建省农业科学院畜牧兽医研究所	福建省科技厅	2015

（续表）

平台名称	依托单位	审批部门	审批年份
福建省作物有害生物监测与治理重点实验室	福建省农业科学院植物保护研究所	福建省科技厅	2015
福建省海岛与海岸带管理技术研究重点实验室	福建海洋研究所	福建省科技厅	2013
福建省农产品（食品）加工重点实验室	福建省农业科学院农业工程技术研究所	福建省科技厅	2013
福建省红壤山地农业生态过程重点实验室	福建省农业科学院农业生态研究所	福建省科技厅	2013
福建省海洋生物增养殖与高值化利用重点实验室	福建省水产研究所	福建省科技厅	2013
福建省森林培育与林产品加工利用重点实验室	福建省林业科学研究院	福建省科技厅	2008
福建省农业遗传工程重点实验室	福建省农业科学院生物技术研究所	福建省科技厅	2004
华南杂交水稻种质创新与分子育种重点实验室	福建省农业科学院水稻研究所	农业部	2011
南方山地用材林培育国家林业局重点实验室	福建省林业科学研究院	国家林业局	1995
技术创新与成果转化类			
海洋生物种业技术国家地方联合工程研究中心	福建省水产研究所	国家发改委	2017
微生物菌剂开发与应用国家地方联合工程研究中心	福建省农业科学院农业生物资源研究所	国家发改委	2016
特色食用菌繁育与栽培国家地方联合工程研究中心	福建省农业科学院食用菌研究所	国家发改委	2013
国家农业生物安全科学中心华东分中心	福建省农业科学院植物保护研究所	国家农业生物安全科学中心	2020
福建省作物有害生物绿色防控工程研究中心	福建省农业科学院植物保护研究所	福建省发改委	2020
福建省兽用疫苗工程研究中心	福建省农业科学院畜牧兽医研究所	福建省发改委	2018

（续表）

平台名称	依托单位	审批部门	审批年份
福建省红曲微生物技术开发应用工程研究中心	福建省微生物研究所	福建省发改委	2017
福建省食品生物发酵技术工程研究中心	福建省农业科学院农业工程技术研究所	福建省发改委	2017
福建省落叶果树工程技术研究中心	福建省农业科学院果树研究所	福建省科技厅	2017
福建省农产品发酵加工工程技术研究中心	福建省农业科学院农业工程技术研究所	福建省科技厅	2017
福建省特色旱作物品种选育工程技术研究中心	福建省农业科学院作物研究所	福建省科技厅	2017
福建省木麻黄工程技术研究中心	福建省林业科学研究院	福建省科技厅	2016
福建省茶树育种工程技术研究中心	福建省农业科学院茶叶研究所	福建省科技厅	2015
福建省地力培育工程技术研究中心	福建省农业科学院土壤肥料研究所	福建省科技厅	2015
福建省蔬菜工程技术研究中心	福建省农业科学院作物研究所	福建省科技厅	2012
福建省特色花卉工程技术研究中心	福建省农业科学院作物研究所	福建省科技厅	2012
福建省丘陵地区循环农业工程技术研究中心	福建省农业科学院农业生态研究所	福建省科技厅	2010
福建省农业生物药物工程技术研究中心	福建省农业科学院农业生物资源研究所	福建省科技厅	2010
福建省水产病害防治工程技术研究中心	福建省农业科学院生物技术研究所	福建省科技厅	2009
福建省食用菌工程技术研究中心	福建省农业科学院食用菌研究所	福建省科技厅	2009
福建省农作物害虫天敌资源工程技术研究中心	福建省农业科学院植物保护研究所	福建省科技厅	2008
福建省山地草业工程技术研究中心	福建省农业科学院农业生态研究所	福建省科技厅	2005

（续表）

平台名称	依托单位	审批部门	审批年份
福建省农作物品种抗性工程技术研究中心	福建省农业科学院植物保护研究所	福建省科技厅	2005
福建省龙眼枇杷育种工程技术研究中心	福建省农业科学院果树研究所	福建省科技厅	2004
福建省畜禽疫病防治工程技术研究中心	福建省农业科学院畜牧兽医研究所	福建省科技厅	2004
福建省杂交水稻育种工程技术研究中心	福建省农业科学院水稻研究所	福建省科技厅	2004
福建省水稻转基因育种工程技术研究中心	福建省农业科学院生物技术研究所	福建省科技厅	2002
杉木工程技术研究中心	福建省林业科学研究院	国家林业局	2013
基础支撑与条件保障类			
福建三明森林生态系统与全球变化国家野外科学观测研究站	福建师范大学地理研究所	科技部	2020
福建省农村科技信息资源共享与服务平台	福建省农业科学院	福建省科技厅	2013
福建省茶树种质资源共享平台	福建省农业科学院茶叶研究所	福建省科技厅	2013
福建中药种质资源保护利用与共享平台	福建省农业科学院农业生物资源研究所	福建省科技厅	2013
福建省武夷山生物多样性研究信息资源共享平台	福建省武夷山生物研究所	福建省科技厅	2013
闽侯农田生态系统福建省野外科学观测研究站	福建省农业科学院土壤肥料研究所	福建省科技厅	2018
国家土壤质量福安观测实验站	福建省农业科学院茶叶研究所	农业农村部	2019
福建茶树及乌龙茶加工科学观测实验站	福建省农业科学院茶叶研究所	农业部	2011
福州农业环境科学观测实验站	福建省农业科学院农业生态研究所	农业部	2011

（续表）

平台名称	依托单位	审批部门	审批年份
东南区域农业微生物资源利用科学观测实验站	福建省农业科学院农业生物资源研究所	农业部	2011
福建耕地保育科学观测实验站	福建省农业科学院土壤肥料研究所	农业部	2011
作物基因资源与种质创制福建科学观测实验站	福建省农业科学院水稻研究所	农业部	2011
南方薯类科学观测实验站	福建省农业科学院作物研究所	农业部	2011
福州热带作物科学观测实验站	福建省农业科学院农业生物资源研究所	农业部	2010
福州作物有害生物科学观测实验站	福建省农业科学院植物保护研究所	农业部	2010

表 7-4　2020 年福建省属公益类科研院所科技服务平台

平台名称	依托单位	审批部门	审批年份
品种改良和加工中心			
国家热带水果改良中心福州龙眼分中心	福建省农业科学院果树研究所	农业部	2015
国家茶树改良中心福建分中心	福建省农业科学院茶叶研究所	农业部	2014
国家水稻改良中心福州分中心	福建省农业科学院水稻研究所	农业部	2000
国家红萍资源中心（国家红萍品种资源圃）	福建省农业科学院生态研究所	农业部	1987
国家海水鱼类加工技术研发分中心	福建省水产研究所	农业部	2010
国家食用菌加工技术研发分中心	福建省农业科学院农业工程技术研究所	农业部	2008
检验检测（计量）平台			
全国名特优新农产品全程质量控制技术福州中心	福建省农业科学院农业质量标准与检测技术研究所	农业农村部	2019

（续表）

平台名称	依托单位	审批部门	审批年份
全国名特优新农产品营养品质评价鉴定机构	福建省农业科学院农业质量标准与检测技术研究所	农业农村部	2018
植物新品种测试福州分中心	福建省农业科学院作物研究所	农业部	2017
农产品质量安全风险评估实验站	福建省水产研究所	农业部	2014
渔业产品质量监督检验测试中心（厦门）	福建省水产研究所	农业部	2012
农产品质量安全监督检验测试中心	福建省水产研究所	农业部	2012
农产品质量安全风险评估（福州）实验室	福建省农业科学院农业质量标准与检测技术研究所	农业部	2011
林产品质量检验检测中心（福州）	福建省林业科学研究院	国家林业局	2013
机械工业农机及泵类产品质量检测中心（福州）	福建省农业机械化研究所	中国合格评定国家认可委员会	2009
认可实验室	福建省农业科学院农业质量标准与检测技术研究所	中国合格评定国家认可委员会	2007
ABSL-3 实验室	福建省农业科学院畜牧兽医研究所	中国合格评定国家认可委员会	2006
资格认定平台			
农药环境安全评价中心	福建省农业科学院植物保护研究所	农业农村部	2019
农药登记试验单位及试验范围	福建省农业科学院植物保护研究所	农业农村部	2019
农药登记试验单位	福建省农业科学院果树研究所	农业部	2014
科技合作基地			
福建省闽台科技合作基地	福建省水产研究所	福建省科技厅	2015

（续表）

平台名称	依托单位	审批部门	审批年份
海西农业微生物菌剂国际科技合作基地	福建省农业科学院农业生物资源研究所	科技部国际合作司	2015

（二）福建省高校科研平台（农业科学、农业生物学、食品科学与环境科学领域）

详见表 7-5 至表 7-9。

表 7-5 福建农林大学自然科学类国家级和部级科研平台

机构名称	批准单位
国家重点实验室	
省部共建闽台作物有害生物生态防控国家重点实验室	科技部
国家工程技术研究中心	
国家菌草工程技术研究中心	科技部
国家甘蔗工程技术研究中心	科技部
省部共建协同创新中心	
菌草生态产业省部共建协同创新中心	教育部
国家地方联合工程研究中心（工程实验室）	
天然生物毒素国家地方联合工程实验室（福建）	国家发改委
菌草综合开发利用技术国家地方联合工程研究中心（福建）	国家发改委
国家现代农业产业技术研发中心	
国家甘蔗产业技术研发中心（“十二五”期间）	农业部
引智基地	
亚热带作物害虫生态防控创新引智基地	国家外国专家局
部级重点实验室（观测站）、研究中心	
生物农药与化学生物学教育部重点实验室	教育部
作物遗传育种与综合利用教育部重点实验室	教育部
蜂产品加工与应用教育部工程研究中心	教育部

（续表）

机构名称	批准单位
闽台特色海洋食品加工及营养健康教育部工程研究中心	教育部
南方红壤区水土保持国家林业和草原局重点实验室	国家林业和草原局
植物纤维功能材料国家林业和草原局重点实验室	国家林业和草原局
兰科植物保护与利用国家林业和草原局重点实验室	国家林业和草原局
国家林业和草原局杉木工程技术研究中心	国家林业和草原局
国家林业和草原局森林公园工程技术研究中心	国家林业和草原局
福建长汀红壤丘陵生态系统定位观测研究站	国家林业和草原局
农业农村部福建甘蔗生物学与遗传育种重点实验室	农业农村部
农业农村部闽台作物有害生物综合治理重点实验室	农业农村部
农业农村部东南黄红麻科学观测实验站	农业农村部
农业农村部福建蜜蜂生物学科学观测实验站	农业农村部
福建省尤溪县国家级农作物品种区域试验站	农业农村部
国家水利风景区研究中心	水利部景区办
部级检验测试中心	
农业农村部甘蔗及制品质量监督检验测试中心	农业农村部
国家农作物品种改良中心、分中心	
国家糖料作物改良中心福州甘蔗分中心	农业农村部
国家食用菌品种改良中心福建分中心	农业农村部
国家农产品加工技术研发中心、分中心	
国家农产品加工技术研发（蔬菜）专业分中心	农业农村部
国际合作、闽台交流基地	
害虫生态防控国际合作联合实验室	教育部
联合国（中国）实蝇防控研究中心	联合国粮食及农业组织/国际原子能机构联合司
菌草技术国际科技合作基地	科技部
闽台作物害虫生态防控国际科技合作基地	科技部
海峡两岸科技产业合作基地（成员单位）	科技部
农业农村部海峡两岸农业技术合作中心	农业农村部

（续表）

机构名称	批准单位
台湾农民创业园科技服务中心	国台办

表 7-6 厦门大学海洋与地球学院和环境与生态学院科研平台

平台类别	平台名称
国家重点实验室	近海海洋环境科学国家重点实验室（厦门大学）
国家工程实验室	海洋生物制备技术国家地方联合工程实验室 教育部批准设立的重点实验室 滨海湿地生态系统教育部重点实验室 水声通信与海洋信息技术教育部重点实验室
国家级示范中心	海洋环境科学实验教学中心
国家级人才培养基地	海洋科学国家理科基础科学研究和教学人才培养基地
福建省批准设立的研究平台	福建省海洋生物资源开发利用协同创新中心，福建省高校海洋化学与应用技术重点实验室，福建省高校海洋生物资源开发与保护重点实验室，福建省海陆界面生态环境重点实验室，福建省滨海湿地保护与生态恢复工程技术研究中心
厦门市批准设立的研究平台	厦门市海湾生态保护与修复重点实验室
校批研究平台	厦门大学海洋观测技术研发中心，厦门大学海洋生物多样性与全球变化实验室，环境科学研究中心，海洋与海岸带发展研究院
支撑平台	厦门大学海洋科学综合考察船，厦门大学东山临海实验与观测站

表 7-7 集美大学自然科学类（农林水产）科研平台

机构性质、名称	批准时间（年-月）	批准单位
水产品深加工技术国家地方联合工程研究中心	2015-12	国家发改委
鳗鲡现代产业技术教育部工程研究中心	2009-12	教育部
农业农村部东海海水健康养殖重点实验室	2011-07	农业部
福建省食品微生物与酶工程重点实验室	2013-03	福建省科技厅
福建省海洋渔业资源与生态环境重点实验室	2013-03	福建省科技厅

（续表）

机构性质、名称	批准时间（年–月）	批准单位
福建省海洋功能食品工程技术研究中心	2015–12	福建省科技厅
福建省水产品深加工工程研究中心	2012–10	福建省发改委
福建省水产生物育种与健康养殖工程研究中心	2018–12	福建省发改委
食品微生物与酶福建省高校工程研究中心	2010–09	福建省教育厅
观赏水族福建省高校工程研究中心	2019–01	福建省教育厅
厦门市食品生物工程技术研究中心	2006–12	厦门市科技局
厦门市饲料检测与安全评价重点实验室	2007–07	厦门市科技局
厦门市食品科技研发检测中心	2008–11	厦门市科技局
厦门市渔用药物工程技术研究中心	2011–11	厦门市科技局
厦门市海洋功能食品重点实验室	2015–10	厦门市科技局
其他科研平台		
福建省坛紫菜种质资源库	2005–09	
农业农村部大黄鱼遗传育种中心	2011–11	
国家红藻加工技术研发专业中心	2018–09	
福建省—东盟地区水产绿色养殖联合研发中心	2021–09	

表 7–8 福州大学省部级科研平台（食品科学类）

平台名称	批准部门
食品安全分析与检测技术省部共建教育部重点实验室	教育部
福建省产品质量和食品安全检测试剂与仪器工程技术研究中心	福建省科技厅
福建省食品生物技术创新工程技术研究中心	福建省科技厅
福建省食品安全分析与检测技术重点实验室	福建省科技厅
福建省食品生物技术开发基地	福建省科技厅

表 7–9 福建师范大学科研创新平台（生物学、环境科学、食品科学）

平台类别	平台名称
国家野外科学观测研究站	福建三明森林生态系统与全球变化国家野外科学观测研究站（科技部）
省部共建国家重点实验室培育基地	福建省湿润亚热带山地生态实验室——省部共建国家重点实验室培育基地（科技部）

（续表）

平台类别	平台名称
教育部重点实验室	湿润亚热带生态—地理过程教育部重点实验室
国家林业和草原局研究站	福建闽江河口湿地生态系统国家定位观测研究站
国家海洋渔业局公共服务平台	海洋生物医药与制品产业化开发技术公共服务平台
省级重点实验室	福建省亚热带资源与环境重点实验室（福建省科技厅） 福建省植物生理生态重点实验室（福建省科技厅） 福建省污染控制与资源循环利用重点实验室（福建省科技厅） 福建省特色海洋生物资源可持续利用重点实验室（福建省科技厅）
省级工程中心	福建省现代发酵技术工程研究中心（福建省发改委） 福建省森林碳计量技术开发应用工程研究中心（福建省发改委） 福建省微藻种质改良工程技术研究中心（福建省科技厅） 海西绿色生物制造技术省部共建协同创新中心 海西绿色生物制造技术协同创新中心 南方湿润区森林碳汇与全球变化协同创新中心
省级研究中心、基地	福建省传统酿酒行业技术开发基地 福建师范大学环境科学与工程学院省工业节能与绿色发展评价中心（福建省工信厅）
省级野外观测研究站	三明森林生态系统与全球变化福建省野外科学观测研究站（福建省科技厅） 闽江口湿地福建省野外科学观测研究站（福建省科技厅）

（三）驻闽部属科研机构科研平台（海洋渔业类）

详见表 7-10。

表 7-10　自然资源部海洋三所科研平台

序号	平台名称
1	自然资源部海洋生物遗传资源重点实验室
2	自然资源部海洋—大气化学与全球变化重点实验室
3	海洋生物资源开发利用工程技术创新中心海洋生物与生态实验室
4	海洋与海岸地质研究室海洋可持续发展研究中心（APEC 海洋可持续发展中心）

（续表）

序号	平台名称
5	海洋生态环境预警监测研究室海洋动力学研究室
6	福建省海洋生态修复重点实验室
7	厦门市海洋物理与地质过程重点实验室

（四）企业研发平台

详见表 7-11 和表 7-12。

表 7-11 依托企业设立的食品科学、海洋渔业国家重点实验室和工程中心（福建省企业）

名称	依托单位	批准部门	批准年份
肉食品安全生产技术国家重点实验室	厦门银祥集团有限公司	科技部	2010
大黄鱼育种国家重点实验室	海鸥水产食品有限公司、厦门大学	科技部	2015
国家茶叶质量安全工程技术研究中心	福建安溪铁观音集团股份有限公司	科技部	2014

表 7-12 依托企业设立的国家农产品加工技术研发专业中心名单（福建省企业）

专业	依托单位	批准部门	批准年份
热带水果	福州大世界橄榄有限公司	农业部	2008
蔬菜加工	天新（福建）农业综合开发有限公司	农业部	2007
蛋品加工	福清市阳光食品有限公司	农业部	2007
食用菌加工	福建仙芝楼生物科技有限公司	农业部	2007
畜产品加工专业分中心	福建森华实业有限公司	农业部	2011
水产品加工专业分中心	福建腾新食品股份有限公司	农业部	2011

（续表）

专业	依托单位	批准部门	批准年份
特色农产品加工专业分中心	福建安溪铁观音集团股份有限公司	农业部	2011
特色农产品加工专业分中心	福建春伦茶叶有限公司	农业部	2011
国家甘薯加工技术研发专业中心	福建连城健尔聪食品有限公司	农业农村部	2018
国家冷冻调理水产品加工技术研发专业中心	福建安井食品股份有限公司	农业农村部	2018
国家草本植物加工技术研发专业中心	大闽食品（漳州）有限公司	农业农村部	2018

三、获奖成果

“十三五”期间，福建省在农业领域共获得国家科学技术奖二等奖 1 项（表 7–13），福建省科学技术奖 192 项（表 7–14），全国农牧渔业丰收奖（农业技术推广成果奖）20 项（表 7–15），神农中华农业科技奖 5 项（表 7–16）。

表 7–13 “十三五”期间福建省国家科学技术奖获奖名单（农业部分）

序号	奖项	项目名称	主要完成单位	主要完成人
1	2019 年度国家科技进步奖二等奖	中国特色兰科植物保育与种质创新及产业化关键技术	福建农林大学，中国热带农业科学院热带作物品种资源研究所，中国科学院华南植物园，遵义医科大学，中国科学院植物研究所，海南大学，福建连城兰花股份有限公司	兰思仁、刘仲健、曾宋君、尹俊梅、罗毅波、石京山、宋希强、何碧珠、彭东辉、黄瑞宝

表 7–14 “十三五”期间福建省科学技术奖获奖名单（农业部分）

序号	奖项	项目名称	主要完成单位	主要完成人
1	2016 年度自然科学奖二等奖	我国四种主要水稻病毒突破介体昆虫传播屏障的机制	福建农林大学	魏太云、贾东升、陈 倩、陈红燕、毛倩卓

（续表）

序号	奖项	项目名称	主要完成单位	主要完成人
2	2016年度技术发明奖三等奖	杂交水稻—两系“光温敏不育系”可控制繁育系统	厦门永华光电科技股份有限公司	夏庆国、李新奇、夏　爽、袁定阳
3	2016年度科技进步奖一等奖	杉木速生优质高产新品种定向选育研究与应用	福建省林业科学研究院、南京林业大学、福建省洋口国有林场、福建省沙县官庄国有林场、福建省林木种苗总站、福建省将乐国有林场	郑仁华、施季森、陈孝丑、谢国阳、边黎明、许鲁平、欧阳磊、李　勇、李林源、方禄明
4	2016年度科技进步奖一等奖	兰科植物系统分类、资源保育与产业化应用	福建农林大学、深圳市兰科植物保护研究中心、福建连城兰花股份有限公司、福建虎伯寮生物集团有限公司	兰思仁、刘仲健、翟俊文、张国强、何碧珠、吴沙沙、李明河、彭东辉、陈世品、刘江枫
5	2016年度科技进步奖一等奖	福建红壤区水土保持—循环农业耦合开发模式与技术集成创新	福建省农业科学院农业生态研究所、福建省农业科学院畜牧兽医研究所、福建农林大学、福建师范大学地理研究所、福建森辉农牧发展有限公司、长汀县枫林生态农业有限公司	翁伯琦、罗旭辉、邢世和、陈松林、高承芳、赖友辉、范小明、张锦宇、应朝阳、林旗华
6	2016年度科技进步奖一等奖	芽孢杆菌新资源挖掘及其生防菌剂的创制与应用	福建省农业科学院农业生物资源研究所、东莞市保得生物工程有限公司、厦门市江平生物基质技术股份有限公司	刘　波、肖荣凤、刘国红、王阶平、车建美、陈　峥、朱育菁、孙旭生、毛光平、夏江平
7	2016年度科技进步奖一等奖	金柑加工及综合利用关键技术的创新与产业化	福建农林大学、福建省轻工业研究所、福建赛福食品检测研究所有限公司、福建省闽中有机食品有限公司、福建省潘氏食品有限公司	张　怡、曾红亮、欧霖拱、王建新、郑宝东、陈日春、林梅西、潘建聪、黄秀娟、郑冰昕
8	2016年度科技进步奖二等奖	食品快检预处理技术与应用	福州大学、睿科仪器（厦门）有限公司、厦门斯坦道科学仪器股份有限公司	张　兰、林志杰、汤新华、陈国南、刘　薇、童　萍、卢巧梅

（续表）

序号	奖项	项目名称	主要完成单位	主要完成人
9	2016年度科技进步奖二等奖	海产鱼类罐头食品加工技术的集成创新与应用	集美大学、福建省东山县海魁水产集团有限公司、荣成泰祥食品股份有限公司	刘光明、曹敏杰、黄松江、李钰金、苏文金、蔡秋凤、张凌晶
10	2016年度科技进步奖二等奖	小叶红豆等4个珍稀树种高效繁育技术体系研究及推广	福建农林大学	何碧珠、刘　爽、刘福辉、陈金章、何官榕、邹小兴、朱波风
11	2016年度科技进步奖二等奖	桉树优良促生功能菌的筛选及其促进桉树生长的应用研究	福建农林大学	吴承祯、谢安强、洪　滔、陈　灿、林勇明、林　晗、范海兰
12	2016年度科技进步奖二等奖	福建红黄壤茶园与旱地沃土技术模式研究与示范	福建省农业科学院土壤肥料研究所	黄东风、章明清、李　昱、王煌平、李清华、林新坚、王利民
13	2016年度科技进步奖二等奖	草莓品种选育应用与品质相关基因分析研究	福建省农业科学院作物研究所、福州市蔬菜科学研究所	朱海生、花秀凤、温庆放、陈　铣、陈爱华、李永平、陈敏氡
14	2016年度科技进步奖二等奖	重要作物害虫诱杀技术及产品研发应用	福建省农业科学院植物保护研究所、漳州市英格尔农业科技有限公司、漳州市中海高科生物科技有限公司	魏　辉、陈丽萍、陈艺欣、王长方、林志平、田厚军、林　硕
15	2016年度科技进步奖二等奖	南方李柰种质资源评价与创新利用	福建省农业科学院果树研究所	叶新福、周丹蓉、方智振、廖汝玉、潘少林、姜翠翠、曾洪挺
16	2016年度科技进步奖二等奖	水产蛋白金属修饰肽—魔芋葡甘聚糖偶联功能化及应用关键技术研究	福建农林大学、浙江海洋大学、宁德职业技术学院、福建岳海水产食品有限公司、胜田（福清）食品有限公司、福州素天下食品有限公司	邓尚贵、庞　杰、吴先辉、霍健聪、何明祥、张　宾、林慧敏

（续表）

序号	奖项	项目名称	主要完成单位	主要完成人
17	2016年度科技进步奖二等奖	红曲黄酒酿造微生物资源挖掘及应用	福州大学、福建省宏盛闽侯酒业有限公司	倪　莉、张　雯、刘志彬、饶平凡、吕旭聪、许　景、瞿晋松
18	2016年度科技进步奖二等奖	东南沿海浅海五种特色经济底栖动物资源恢复技术集成与示范	福建省水产研究所、厦门大学、中国水产科学研究院南海水产研究所、浙江省海洋水产养殖研究所、福建师范大学、福建省水产技术推广总站	曾志南、柯才焕、陈丕茂、柴雪良、高如承、林国清、尤颖哲
19	2016年度科技进步奖三等奖	稻米智能化计量包装系统集成	漳州佳龙科技股份有限公司	蔡松华、王志强、曾艺宾、王桂桐、卢远计
20	2016年度科技进步奖三等奖	海藻经济多糖改性酶的发酵生产及应用技术开发	集美大学、绿新（福建）食品有限公司、福建省绿麒食品胶体有限公司	肖安风、姜泽东、洪清林、郭东旭、林坤城
21	2016年度科技进步奖三等奖	非盐腌低糖蜜饯制品加工关键技术的开发与应用	福建农林大学、福建龙岩晋龙食品有限公司、福建省永泰县顺达食品有限公司、漳州含羞草食品有限公司	郭泽镔、何天愿、林　程、郑宝东、王建坤
22	2016年度科技进步奖三等奖	食品中痕量危害物精准检测与结果溯源关键技术研究及应用	福建出入境检验检疫局检验检疫技术中心	杨　方、刘正才、余孔捷、李　捷、唐寰宇
23	2016年度科技进步奖三等奖	新型乌龙茶茶叶加工全自动生产线	福建佳友茶叶机械智能科技股份有限公司	陈加友、黄春池、施邦元、江进福、肖美娟
24	2016年度科技进步奖三等奖	戴云山羊高繁系的选育及关键配套技术研究	福建省农业科学院畜牧兽医研究所	李文杨、刘　远、陈鑫珠、高承芳、张晓佩
25	2016年度科技进步奖三等奖	富含α-亚麻酸牧草品种筛选及草食动物利用技术	福建省农业科学院农业生态研究所、福建省农业科学院畜牧兽医研究所	冯德庆、黄秀声、陈钟佃、钟珍梅、黄水珍
26	2016年度科技进步奖三等奖	鸭源禽1型副黏病毒病病原学及诊断技术研究与应用	福建省农业科学院畜牧兽医研究所、福建出入境检验检疫局检验检疫技术中心	黄　瑜、傅光华、施少华、程龙飞、白泉阳

（续表）

序号	奖项	项目名称	主要完成单位	主要完成人
27	2016年度科技进步奖三等奖	油料能源用途的竹柏良种选育及栽培关键技术研究	福建林业职业技术学院、福建三明林业学校	黄云鹏、李宝银、周俊新、周小华、黄云玲
28	2016年度科技进步奖三等奖	林地土壤有机碳遥感估测及保持机制研究	福建农林大学、国际竹藤中心、三明学院	刘　健、余坤勇、范少辉、官凤英、姚　雄
29	2016年度科技进步奖三等奖	南方红豆杉观赏型优良种质选择及定向培育技术	明溪县林业科技推广中心、福建农林大学、沙县林业科技推广中心、江西省喜果绿化有限公司	欧建德、周东雄、康永武、董建文、潘　军
30	2016年度科技进步奖三等奖	桉树人工林长期生产力维持关键技术研究	福建农林大学	吴鹏飞、蔡丽平、刘爱琴、李　明、林清锦
31	2016年度科技进步奖三等奖	西洋杜鹃良种繁育技术及园林应用研究	福建农林大学	郑郁善、陈凌艳、郑　宇、何天友、张迎辉
32	2016年度科技进步奖三等奖	冬作区专用型马铃薯新品种选育与产业化开发应用	泉州市农业科学研究所、云南省农业科学院经济作物研究所、福建省晋江福源食品有限公司	凌永胜、李锦泉、林金秀、颜晓晖、隋启君
33	2016年度科技进步奖三等奖	南方红壤山地水土流失区生态修复技术	长汀县枫林生态农业有限公司	范小明、吴远彬、张梅坤、李建江、郭世俊
34	2016年度科技进步奖三等奖	葡萄新品种引进与避雨栽培关键技术集成应用	福建省农业科学院果树研究所、福安市经济作物站、三明市梅列区种植业技术推广中心	雷　龑、王道平、刘鑫铭、詹小敏、陈　婷
35	2016年度科技进步奖三等奖	茯苓松蔸标准化栽培技术研究与应用	福建省农业科学院食用菌研究所、福建省测试技术研究所、福建省邵武市绿农食用菌有限公司、福建省长汀县英海食用菌研究所	蔡丹凤、陈丹红、郑朋武、蔡志欣、朱英飒
36	2016年度科技进步奖三等奖	银耳高效生产技术创新与应用	福建农林大学、福建海源三维打印高科技有限公司	孙淑静、胡开辉、张益晗、朱　虎、林敬兰

（续表）

序号	奖项	项目名称	主要完成单位	主要完成人
37	2016年度科技进步奖三等奖	台湾入闽果树重要病虫害监测技术及防控研究	福建省农业科学院植物保护研究所、福建农林大学、福建省德盛生物工程有限责任公司	李本金、吴梅香、史梦竹、陈庆河、李建宇
38	2016年度科技进步奖三等奖	重大入侵杂草空心莲子草防控关键技术研发与应用	福建省农业科学院植物保护研究所、中国农业科学院植物保护研究所、中国农业科学院农业环境与可持续发展研究所、江苏省农业科学院	傅建炜、万方浩、张国良、聂亚锋、史梦竹
39	2016年度科技进步奖三等奖	鱼类加工下脚料多元化利用技术	集美大学、福建省水产研究所、石狮正源水产科技开发有限公司、宁德市夏威食品有限公司	翁武银、苏文金、陈　俊、刘光明、吴靖娜
40	2016年度科技进步奖三等奖	肉食品（猪肉）质量安全检测与控制关键技术及设备的研发应用	福州大学、厦门银祥集团有限公司、厦门斯坦道科学仪器股份有限公司	林旭聪、谢增鸿、张志刚、吕海霞、汤新华
41	2016年度科技进步奖三等奖	橄榄精深加工关键及综合技术的研究与应用	福州大世界橄榄有限公司、福建农林大学	刘清培、曾绍校、郑秀丽、田玉庭、郑华淋
42	2016年度科技进步奖三等奖	鲍鱼罐头加工新工艺及附产物酶解研究	福州日兴水产食品有限公司	江铭福、潘超然、赖谱富、刘忠明、黄凤珠
43	2016年度科技进步奖三等奖	高效鳗鲡配合饲料的开发及其在鳗鲡健康养殖全过程中的应用	福建天马科技集团股份有限公司、厦门大学、福建天马饲料有限公司	张蕉南、艾春香、陈庆堂、胡　兵、张蕉霖
44	2016年度科技进步奖三等奖	大黄鱼良种的培育与推广	宁德市富发水产有限公司、宁德市水产技术推广站	韩坤煌、刘招坤、张　艺、黄伟卿、柯巧珍
45	2016年度科技进步奖三等奖	硬壳蛤产业化育苗、养殖与加工技术	福建省莆田市海源实业有限公司、中国科学院海洋研究所、福建省水产研究所、福建农林大学	张　涛、林秋云、李　钧、曾志南、陈丽娇
46	2017年度自然科学奖二等奖	作物病原真菌产孢及致病分子机理的研究	福建农林大学	王宗华、郑　武、周　洁、郑文辉、叶文雨

（续表）

序号	奖项	项目名称	主要完成单位	主要完成人
47	2017年度自然科学奖二等奖	石斑鱼肠道功能微生物	集美大学	孙云章、叶继丹、杨红玲
48	2017年度技术发明奖二等奖	水产健康养殖高效微生物制剂关键技术创新与应用	福建大北农水产科技有限公司、中国农业科学院饲料研究所、北京大北农科技集团股份有限公司	周志刚、杨雅麟、付维来、何夙旭、易敢峰
49	2017年度科技进步奖一等奖	莲子精深加工关键技术的创新与应用	福建农林大学、福建绿田股份有限公司、湖南粒粒珍湘莲有限公司、福建文鑫莲业股份有限公司、江西致纯食品股份有限公司	郑宝东、曾绍校、张　怡、郭泽镔、卢　旭、刘文聪、胡红辉、陈荣华、帅　武、吴卫国
50	2017年度科技进步奖一等奖	鸭传染性浆膜炎病原学及诊防技术研究与应用	福建省农业科学院畜牧兽医研究所、北京大北农科技集团股份有限公司、福建出入境检验检疫局检验检疫技术中心	黄　瑜、程龙飞、陈红梅、郑　腾、李文杨、闫国晖、傅光华、施少华、万春和、林建生
51	2017年度科技进步奖一等奖	再生稻高产高效清洁生产关键技术与应用	福建农林大学、福建省种植业技术推广总站	林文雄、张志兴、陈鸿飞、黄锦文、方长旬、林　建、徐倩华、傅志伟、卢　明、刘正忠
52	2017年度科技进步奖一等奖	水仙新品种选育及产业化	福建农林大学、福建省农业科学院亚热带农业研究所、福建省亚热带园艺植物研究中心、龙海市宜春水仙花专业合作社、厦门市园林植物园、漳州市水仙花研究所	陈晓静、潘腾飞、何炎森、王少峰、申艳红、潘东明、刘顺兴、张文江、刘与明、张益强
53	2017年度科技进步奖一等奖	松材线虫病传播媒介松墨天牛高效诱剂及配套技术研发与应用	福建农林大学、国家林业局经济发展研究中心、华南农业大学、重庆市森林病虫防治检疫站、福建省林业有害生物防治检疫局	张飞萍、王剑波、温秀军、严合章、林　强、陈红梅、黄文玲、周　旭、吴柏海、陈德兰

（续表）

序号	奖项	项目名称	主要完成单位	主要完成人
54	2017年度科技进步奖二等奖	基于大数据和物联网的智慧农业关键技术研发与应用	福建省农业科学院科技干部培训中心、福建省农业科学院植物保护研究所、福建鼎天农业科技股份有限公司、中国电信股份有限公司南平分公司、福建省南平市科技开发中心、泉州市科技开发中心	赵　健、陈　宏、邱荣洲、林九生、林章武、赵伯建、吴慧忠
55	2017年度科技进步奖二等奖	土壤环境修复与系统调控技术研发及其应用	厦门理工学院、厦门市江平生物基质技术股份有限公司	黄国和、李永平、傅海燕、夏江平、安春江、姚　尧、阳艾利
56	2017年度科技进步奖二等奖	南方典型花岗岩区水土流失阻控与生态修复的关键技术创新及应用	福建师范大学、长汀县水土保持事业局、福建省水土保持试验站	陈志彪、陈志强、岳　辉、陈善沐、朱鹤健、林敬兰、林　强
57	2017年度科技进步奖二等奖	食品源抗氧化肽制备关键技术及产业化应用	福州大学、福建莆田市海一百食品有限公司	汪少芸、付才力、吴小涛、蔡　晟、蔡茜茜、赵立娜、林振宇
58	2017年度科技进步奖二等奖	异位发酵床养殖粪污微生物治理工程化技术的研究与应用	福建省农业科学院农业生物资源研究所、中国农业科学院农业环境与可持续发展研究所、福建省畜牧总站、福建省农科农业发展有限公司、福建农林大学、厦门市江平生物基质技术股份有限公司	刘　波、余文权、耿　兵、史　怀、卓坤水、黄勤楼、陈倩倩
59	2017年度科技进步奖二等奖	农业废弃物多级循环利用技术集成创新与示范	福建省农业科学院农业生态研究所、福建省农业科学院食用菌研究所、福建省农业科学院土壤肥料研究所、中国农业科学院农业资源与农业区划研究所、福建农林大学	王义祥、王煌平、卢政辉、胡清秀、翁伯琦、叶　菁、刘朋虎
60	2017年度科技进步奖二等奖	枇杷花功效成分研究与综合利用	福建省农业科学院果树研究所	姜　帆、蒋际谋、陈秀萍、邓朝军、许家辉、陈天佑、周丹蓉

（续表）

序号	奖项	项目名称	主要完成单位	主要完成人
61	2017年度科技进步奖二等奖	灵芝杂交新品种选育及其配套生产技术	福建农林大学、仙芝科技（福建）股份有限公司	吴小平、李晔、刘新锐、邓优锦、陈锡桓、柯斌榕、叶丽云
62	2017年度科技进步奖二等奖	毛竹林资源信息管理关键技术及土壤肥力保持机制研究与示范	福建农林大学、国际竹藤中心、三明学院	刘健、余坤勇、范少辉、官凤英、姚雄、王帆、李增禄
63	2017年度科技进步奖二等奖	兰属杂交育种与产业化关键技术研究	福建省林业科技试验中心、福建农林大学、三明市清龙生态兰花有限公司、厦门市江平生物基质技术股份有限公司	江瑞荣、兰思仁、陈孝丑、李秀娟、高小坤、赖文胜、张月娇
64	2017年度科技进步奖二等奖	珍贵树种种业创新与工厂化育苗	福建省林业科学研究院、福建农林大学、福建省林业科技试验中心、福建省福清灵石国有林场、福建省国有来舟林业试验场	范辉华、李建民、陈存及、周志春、康木水、江瑞荣、陈齐明
65	2017年度科技进步奖二等奖	高淀粉甘薯新品种泉薯9号的选育与应用	泉州市农业科学研究所	余成章、傅文泽、何文中、黄瑞方、王智卿、罗维禄、郑伯伟
66	2017年度科技进步奖二等奖	澳洲龙纹斑种苗繁育与饲养技术集成创新及应用	福建省农业科学院农业质量标准与检测技术研究所、福建出入境检验检疫局检验检疫技术中心、福建天马科技集团股份有限公司、福建省农业科学院农业生态研究所	罗土炎、罗钦、张志灯、刘洋、饶秋华、林虬、涂杰峰
67	2017年度科技进步奖三等奖	农村分散点源污染治理集成技术研发与产业化	中国科学院城市环境研究所、集美大学、福建中科同恒环保规划设计有限公司	陈少华、方宏达、林向宇、吴杰、付远鹏
68	2017年度科技进步奖三等奖	油茶籽加工及高值化利用关键技术的研究与产业化	福建师范大学、福建胜华农业科技发展有限公司	卢玉栋、黄鹭强、游瑞云、卢玉胜、卢圣钊
69	2017年度科技进步奖三等奖	谷氨酸生产过程资源高效利用及污染减量化关键技术与应用	福建省建阳武夷味精有限公司、齐鲁工业大学、天津科技大学、江南大学	李友明、臧立华、陈宁、张建华、胡建明

（续表）

序号	奖项	项目名称	主要完成单位	主要完成人
70	2017年度科技进步奖三等奖	茶皂素的高效提取及其海洋农用制品产业化应用	福州大学、福州海汇生物科技实业有限公司	陈剑锋、谢友坪、陈　浩、王国财、邵敬伟
71	2017年度科技进步奖三等奖	太阳能辅助热泵干燥设备的开发及其在福建特色农产品干制中的应用	福建农林大学、福州大世界橄榄有限公司、泉州新源兴农业发展有限公司	陈团伟、康彬彬、林河通、刘清培、陈青青
72	2017年度科技进步奖三等奖	新一代85型耐热植酸酶的研制及其生产技术开发	福建福大百特科技发展有限公司	叶秀云、李仁宽、靳伟刚、陈彩芳
73	2017年度科技进步奖三等奖	燕窝产品质量安全控制关键技术及在新产品创制中的应用	厦门出入境检验检疫局检验检疫技术中心、厦门市丝浓食品有限公司、广东出入境检验检疫局检验检疫技术中心	徐敦明、范群艳、奚星林、吴　媛、黄蓬英
74	2017年度科技进步奖三等奖	食品化学安全因子的高效筛查及精准检测关键技术研究与应用	福建出入境检验检疫局检验检疫技术中心、厦门出入境检验检疫局检验检疫技术中心	刘正才、严丽娟、钱　疆、郑向华、张　缙
75	2017年度科技进步奖三等奖	食品、农产品安全监控基因精准检测新技术	福建出入境检验检疫局检验检疫技术中心	陈文炳、邵碧英、江树勋、陈　彬、张体银
76	2017年度科技进步奖三等奖	南方红壤区水土流失遥感监测关键技术因子的改进及应用	福建省水土保持试验站、福州大学	林敬兰、汪小钦、江　洪、陈芸芝、林长起
77	2017年度科技进步奖三等奖	福建省特色果树气象灾害风险区划与评估技术研究	福建省气象服务中心、福建省气象科学研究所、福建省南平市气象局	陈家金、黄川容、王加义、林　晶、沈长华
78	2017年度科技进步奖三等奖	南方红壤区离子型稀土矿废弃地的植被恢复技术研究	福建农林大学、福建省龙岩市林业科学研究所、长汀县水土保持事业局	侯晓龙、蔡丽平、王友生、周垂帆、马祥庆

（续表）

序号	奖项	项目名称	主要完成单位	主要完成人
79	2017年度科技进步奖三等奖	特早芽‘榕春早’茶树新品种选育及加工技术研究	福州市经济作物技术站、福建农林大学、罗源县茶叶技术指导站	许长同、郭雅玲、江月平、陈思聪、黄　江
80	2017年度科技进步奖三等奖	杨桃良种选育及其关键栽培技术研究与应用	福建省农业科学院生物技术研究所、福建省农业科学院果树研究所、福建省农学会、福建省农业科学院亚热带农业研究所	刘　韬、廖汝玉、黄素芳、肖荣凤、陈天佑
81	2017年度科技进步奖三等奖	亚热带常绿阔叶林次生林可持续经营技术的研究	中国科学院城市环境研究所、福建省顺昌埔上国有林场、中国科学院寒区旱区环境与工程研究所、福建省林业调查规划院	任　引、左舒翟、翁　闲、李　峥、丁洪峰
82	2017年度科技进步奖三等奖	中国野牡丹属植物保育研究与开发利用	福建农林大学、广州市林业和园林科学研究院	彭东辉、代色平、吴沙沙、翟俊文、陈世品
83	2017年度科技进步奖三等奖	材用型南方红豆杉优良种质选育与林下高效培育技术	明溪县林业科技推广中心、沙县林业科技推广中心、福建喜果红豆杉科技发展有限公司	欧建德、陈绍栓、康永武、潘　军、罗　宁
84	2017年度科技进步奖三等奖	高产高胡萝卜素甘薯系列新品种选育与应用	宁德市农业科学研究所	潘祥华、罗维禄、王少华、卓　敏、林丛发
85	2017年度科技进步奖三等奖	福建冷浸田综合治理与高效利用技术及应用	福建省农业科学院土壤肥料研究所	王　飞、李清华、林新坚、林　诚、何春梅
86	2017年度科技进步奖三等奖	香蕉枯萎病绿色防控技术体系构建	福建省农业科学院植物保护研究所、福建农林大学、福建三炬生物科技股份有限公司	陈福如、张绍升、郑加协、杨秀娟、肖　顺
87	2017年度科技进步奖三等奖	麦冬种质资源评价与短亭山麦冬规范化种植技术的研究应用	福建省农业科学院农业生物资源研究所	陈菁瑛、黄颖桢、万学锋、苏海兰、陈雄鹰

（续表）

序号	奖项	项目名称	主要完成单位	主要完成人
88	2017年度科技进步奖三等奖	橘小实蝇生物防治集成技术研究及示范	福建农林大学、闽侯县植保植检站、泉州市绿普森生物科技有限公司	季清娥、陈家骅、王　波、杨建全、黄居昌
89	2017年度科技进步奖三等奖	重大危险性害虫桉树枝瘿姬小蜂控制关键技术及应用	福建农林大学、福建省林业有害生物防治检疫局、沙县森林病虫害防治检疫站、福建省龙岩市林业科学研究所	魏初奖、张华峰、张思禄、陈德兰、黄钦府
90	2017年度科技进步奖三等奖	猪优质高效养殖关键技术研究与应用	福清市丰泽农牧科技开发有限公司、中国农业大学、福建农林大学、福建丰泽农牧饲料有限公司	马秋刚、李　健、陈家钊、赵丽红、计　成
91	2017年度科技进步奖三等奖	黑番鸭良种选育与关键配套技术研究	福建省农业科学院畜牧兽医研究所、龙海市顺兴金定鸭有限公司、石狮市水禽遗传资源保护研究中心	郑嫩珠、朱志明、黄勤楼、缪中纬、辛清武
92	2017年度科技进步奖三等奖	鲍杂交育种技术的集成创新与应用	集美大学、莆田市海发水产开发有限公司、莆田市汇龙海产有限公司、莆田市秀屿区水产技术推广站	严正凛、严志洪、骆文树、林玉雨、钟幼平
93	2017年度科技进步奖三等奖	牡蛎特色产品开发技术及产业化应用	福建省水产研究所、厦门洋江食品有限公司、漳州元新食品有限公司	刘智禹、刘淑集、许　旻、苏永昌、吴靖娜
94	2018年度自然科学奖一等奖	小菜蛾基因组的研究	福建农林大学、深圳华大基因科技服务有限公司	尤民生、杨　广、何玮毅、谢　苗、岳　震
95	2018年度自然科学奖三等奖	林木代谢速率调控机理研究	福建师范大学	程栋梁、钟全林、徐朝斌
96	2018年度自然科学奖三等奖	白斑综合症病毒的感染机制及其与宿主的相互作用研究	国家海洋局第三海洋研究所	李　钫、阮灵伟、施　泓、杨　丰、徐丽美
97	2018年度科技进步奖一等奖	魔芋精深加工关键技术研究与产业化	福建农林大学、华南农业大学、西南大学、蜡笔小新（福建）食品工业有限公司、湖北一致魔芋生物科技股份有限公司、广东喜之郎集团有限公司	庞　杰、吴春华、孙远明、张盛林、钟　耕、张甫生、吴先辉、邓荣华、袁　萍、孙佳江

（续表）

序号	奖项	项目名称	主要完成单位	主要完成人
98	2018年度科技进步奖一等奖	菌草生态循环产业关键技术研究与应用	福建农林大学、北京大学	林占熺、林兴生、刘　斌、林冬梅、林　辉、梁学武、杨宝学、李　晶、苏德伟、刘朋虎
99	2018年度科技进步奖一等奖	小菜蛾抗药性适合度代价及药剂减量增效技术研究与应用	福建省农业科学院植物保护研究所、福建农林大学、山东惠民中联生物科技有限公司、漳州绿州农业发展股份有限公司	魏　辉、顾晓军、田厚军、陈艺欣、陈　勇、游　泳、陈丽玲、张学军、赵建伟、黄卫刚
100	2018年度科技进步奖一等奖	花生抗黄曲霉优质高产育种与分子育种技术的研究和应用	福建农林大学、仲恺农业工程学院、广西壮族自治区农业科学院经济作物研究所	庄伟建、郑奕雄、陈　华、唐荣华、张　冲、蔡铁城、邓　烨、官德义、蔡来龙、熊发前
101	2018年度科技进步奖一等奖	南方林木重要害虫生防真菌资源开发与防控技术创新应用	福建省林业科学研究院、福建农林大学、尤溪县森林病虫害防治检疫站、福建省林业有害生物防治检疫局、明溪县森林病虫害防治检疫站	何学友、邱君志、蔡守平、詹祖仁、王玲萍、黄金水、杨　希、蔡国贵、曾丽琼、林曦碧
102	2018年度科技进步奖一等奖	番鸭呼肠孤病毒病活疫苗创制及应用	福建省农业科学院畜牧兽医研究所	陈少莺、胡奇林、程晓霞、林锋强、陈仕龙、江　斌、程由铨、朱小丽、王　劭、陈美光
103	2018年度科技进步奖二等奖	乌龙茶加工配套技术创新及关键技术装备研发与产业化	福建农林大学、福建省安溪县韵和机械有限公司、武夷星茶业有限公司、华祥苑茶业股份有限公司、福建八马茶业有限公司	孙威江、薛志慧、林馥茗、林清矫、陈志丹、邵静娜、黄　艳
104	2018年度科技进步奖二等奖	即食米饭加工关键技术的研发与应用	福建农林大学、福建御厨食品有限公司、福建立兴食品有限公司	郭泽镔、曾绍校、佟　健、陈秉彦、邹少强、卢　旭、林解本
105	2018年度科技进步奖二等奖	鲍鱼深加工及综合利用关键技术创新与产业化应用	福建农林大学、莆田市汇龙海产有限公司、海欣食品股份有限公司、福建省亚明食品有限公司	田玉庭、张龙涛、林玉雨、蒋荣龙、郑亚凤、徐　晖、吴其明

（续表）

序号	奖项	项目名称	主要完成单位	主要完成人
106	2018年度科技进步奖二等奖	莲雾良种选育及产业化配套技术研究与应用	福建省农业科学院果树研究所、福建省亚热带植物研究所、福建省农业科学院农业工程技术研究所	许家辉、魏秀清、谢志南、章希娟、赖瑞云、许　玲、陆东和
107	2018年度科技进步奖二等奖	丝瓜耐褐变育种技术创新与新品种选育	福建省农业科学院作物研究所、福州市蔬菜科学研究所	温庆放、陈　铣、朱海生、薛珠政、花秀凤、李永平、刘建汀
108	2018年度科技进步奖二等奖	黄秋葵种质资源挖掘与创新利用	福建省农业科学院亚热带农业研究所（甘蔗所）、福建省农业科学院作物研究所	洪建基、佘文权、赖正锋、曾日秋、邱珊莲、姚运法、练冬梅
109	2018年度科技进步奖二等奖	高优低镉姬松茸新品种“福姬77”选育与产业化关键技术	福建省农业科学院科技干部培训中心、福建农林大学国家菌草工程技术研究中心、福建省农业科学院农业生态研究所、福建省农业科学院土壤肥料研究所、福建省食用菌技术推广总站、中国农业科学院农业资源与农业区划研究所	雷锦桂、刘朋虎、王义祥、肖淑霞、胡清秀、叶　菁、任丽花
110	2018年度科技进步奖二等奖	长粒优质杂交水稻泰丰优2098等7个品种选育与应用	福建省农业科学院水稻研究所、广东省农业科学院水稻研究所	涂诗航、周　鹏、王　丰、郑　轶、董瑞霞、游晴如、张水金
111	2018年度科技进步奖二等奖	红掌新品种选育及产业化关键技术研究与应用	福建省林业科技试验中心、福建农林大学、阳光国际集团科技发展有限公司、厦门市江平生物基质技术股份有限公司、泉州市泉美生物科技有限公司、福建洋塔园艺有限公司	陈孝丑、陈发兴、陈　春、李　雪、林成立、江瑞荣、张毅智
112	2018年度科技进步奖二等奖	应对脆弱环境的山区及沿海森林资源优化经营遥感量化模拟及示范	福建农林大学、福建省水土保持试验站（福建省水土保持监测站）、三明学院	刘　健、余坤勇、汪水前、李增禄、陈善沐、谢依达、姚　雄

（续表）

序号	奖项	项目名称	主要完成单位	主要完成人
113	2018年度科技进步奖二等奖	金线莲优良种质选育及仿生态栽培关键技术研究与应用	福建省邵武市二都国有林场、福建省林业科学研究院、福建师范大学、邵武市林业科学技术推广中心	张海燕、肖祥希、肖华山、杨开兴、王　涵、余孟杨、李凤玉
114	2018年度科技进步奖二等奖	生猪健康养殖中疫病防控与生物饲料关键技术的研究与应用	龙岩学院、福建龙岩金和动物饲料有限公司、福建龙岩闽雄生物科技股份有限公司	杨小燕、黄翠琴、戴爱玲、罗　建、刘建奎、郑新添、陈　敏
115	2018年度科技进步奖三等奖	肉鸡加工副产物的高值化利用关键技术与产业化	福州大学、福建圣农食品有限公司	倪　莉、张　雯、刘志彬、周　红、马荣池
116	2018年度科技进步奖三等奖	肉制品加工过程品质提升及化学危害物控制关键技术	厦门银祥集团有限公司、江南大学、泉州师范学院、厦门华厦学院	陈　洁、张志刚、曾茂茂、郑宗平、郭凤仙
117	2018年度科技进步奖三等奖	杏鲍菇高值化加工及综合利用技术创新与应用	福建省农业科学院农业工程技术研究所	陈君琛、赖谱富、李怡彬、郑恒光、黄大松
118	2018年度科技进步奖三等奖	基于食源性组分多维结构干预的水产蛋白制品新型加工技术及产业化	福建安井食品股份有限公司、江南大学	周文果、范大明、黄建联、阮东娜、叶伟建
119	2018年度科技进步奖三等奖	养殖污水的安全利用阈值与调控关键技术研究及集成应用	福建省农业科学院农业工程技术研究所、福建工程学院、福建莆田鸿达牧业有限公司、福州大学	陈　彪、牛　佳、魏云华、黄　婧、肖艳春
120	2018年度科技进步奖三等奖	鲜食黄桃品种选育及产业化关键技术研究与集成推广	福建省农业科学院果树研究所、建宁县绿源果业有限公司、建宁县经济作物技术推广站	黄新忠、张长和、陈小明、宁仲根、张　诚
121	2018年度科技进步奖三等奖	橄榄优质新品种选育与丰产增效关键技术集成应用	福建农林大学、福州市经济作物技术站	佘文琴、许长同、潘鹤立、潘东明、肖振林

（续表）

序号	奖项	项目名称	主要完成单位	主要完成人
122	2018年度科技进步奖三等奖	鹤望兰种质创新与产业化应用	福建省农业科学院作物研究所、福建荣信环境建设集团有限公司	钟淮钦、樊荣辉、林　兵、黄敏玲、叶秀仙
123	2018年度科技进步奖三等奖	无患子种质资源收集评价与产业化关键技术应用	福建省农业科学院果树研究所、福建源华林业生物科技有限公司、福建省源容生物科技有限公司、福建三明林业学校	姜翠翠、叶新福、卢新坤、翁学煌、范繁荣
124	2018年度科技进步奖三等奖	金线莲高效繁育及仿生栽培技术研究与示范	福建农林大学、福建虎伯寮生物集团有限公司、福建大用投资有限公司	邹小兴、梁冠巍、郑惠成、黄钦府、肖春梅
125	2018年度科技进步奖三等奖	马尾松种质评价及速生、高产脂良种选育	福建省大田桃源国有林场（福建大田七星湖森林公园管理中心）、福建省林业科学研究院、福建省永安国有林场、福建省邵武卫闽国有林场	郑仁华、黄德龙、苏顺德、魏永平、甘振栋
126	2018年度科技进步奖三等奖	中亚热带珍稀植物群落林窗更新过程及恢复技术研究	福建农林大学、福建省三明莘口格氏栲自然保护区管理站	刘金福、何中声、洪　伟、郑世群、施友文
127	2018年度科技进步奖三等奖	闽粤栲提升杉木马尾松人工林质量关键技术研究与应用	沙县林业科技推广中心、三明市罗卜岩自然保护区管理站、南平市林业局速生丰产林基地办公室、福建省沙县官庄国有林场	洪宜聪、黄茂根、黄健韬、陈爱平、乐兴钊
128	2018年度科技进步奖三等奖	多不饱和脂肪酸与丁酸盐系列产品的研发与应用	龙岩新奥生物科技有限公司、龙岩学院、新奥（厦门）农牧发展有限公司	赖州文、黄燕平、杨晓静、章　亮、黄艺珠
129	2018年度科技进步奖三等奖	基于精准营养的高效环境友好型大黄鱼系列配合饲料的研发与应用	福建天马科技集团股份有限公司、厦门大学、福建天马饲料有限公司	张蕉南、艾春香、陈加成、胡　兵、杨　欢
130	2018年度科技进步奖三等奖	海藻浒苔用作水产饲料添加剂的研究与开发	集美大学	黎中宝、李文静、陈　强、黄永春、李元跃

（续表）

序号	奖项	项目名称	主要完成单位	主要完成人
131	2019 年度科技进步奖一等奖	天然蛋白源抗冻多肽的高效制备关键技术及产业化应用	福州大学、上海交通大学、福建莆田市海一百食品有限公司、安徽国肽生物科技有限公司、福建圣农食品有限公司	汪少芸、吴金鸿、蔡茜茜、陈　旭、赵立娜、蔡　晟、张　恒、周　红、付才力、马荣池
132	2019 年度科技进步奖一等奖	再生稻高产高效生产关键技术创新与应用	福建省农业科学院水稻研究所、尤溪县农业技术推广站、浦城县农业技术推广站、福建省种植业技术推广总站	张建福、姜照伟、谢华安、林　祁、林　武、郑　莉、陈丽娟、林　强、解振兴、朱永生
133	2019 年度科技进步奖一等奖	太子参连作介导土壤环境灾变机理与消减关键技术	福建农林大学	林文雄、林　生、吴林坤、张志兴、方长旬、陈　婷、张重义、林伟伟、黄冬寿、彭来真
134	2019 年度科技进步奖一等奖	杉木人工林长期生产力保持关键技术及其应用	福建农林大学、国际竹藤中心、南京林业大学	马祥庆、吴鹏飞、林开敏、范少辉、曹光球、邹显花、陈　杰、刘　博、李　明、俞元春
135	2019 年度科技进步奖二等奖	海参加工关键技术创新与产业化应用	福建农林大学、胜田（福清）食品有限公司、福州聚春园食品股份有限公司、莆田市汇龙海产有限公司	张龙涛、郭泽镔、曾绍校、王锦锋、胡正红、王　跃、林海鹏
136	2019 年度科技进步奖二等奖	复杂地质护坡灾变防控与生态防护关键技术研究与应用	福建荣建集团有限公司、浙江大学城市学院、福建创盛建设有限公司、神州建设集团有限公司、厦门中联永亨建设集团有限公司、福建天蒙建设有限公司	王新泉、徐化新、韩尚宇、刁红国、谢勇成、陈徐东、黄传宝
137	2019 年度科技进步奖二等奖	河口仿生态鱼道关键技术研究与应用	福建省水利水电勘测设计研究院、福州市水务投资发展有限公司、福州水务平潭引水开发有限公司、水利部交通运输部国家能源局南京水利科学研究院	杨首龙、陈宏景、杨晓峰、黄智刚、付开雄、范晓辉、宣国祥

（续表）

序号	奖项	项目名称	主要完成单位	主要完成人
138	2019年度科技进步奖二等奖	番茄特色新品种选育与优质栽培关键技术研究及推广应用	福建农林大学、福建省种子管理总站、酒泉市华美种子有限责任公司、厦门中田金品种苗有限公司、福州田美种苗科技有限公司	钟凤林、林义章、侯毛毛、吴　双、林志强、许　茹、贾　琪
139	2019年度科技进步奖二等奖	重要蚊虫快速鉴定及高效杀蚊Bt制剂创制关键技术	福建农林大学、福州国际旅行卫生保健中心、福建省疾病预防控制中心、青海省疾病预防控制中心、中国检验认证集团天津有限公司	张灵玲、关　雄、吴松青、黄恩炯、张小娟、林立旺、郭　鹏
140	2019年度科技进步奖二等奖	利用捕食螨携菌多靶标控制害虫害螨的研究与应用	福建省农业科学院植物保护研究所、四川省农业农村厅植物保护站、福建艳璇生物防治技术有限公司	张艳璇、余德亿、孙　莉、徐　翔、黄　鹏、陈　霞、姚锦爱
141	2019年度科技进步奖二等奖	双孢蘑菇种质创新与新品种W192等的选育及应用	福建省农业科学院食用菌研究所	廖剑华、陈美元、郭仲杰、蔡志欣、卢园萍、曾志恒、柯斌榕
142	2019年度科技进步奖二等奖	半番鸭种质创新与高效生产关键技术研究及应用	福建省农业科学院畜牧兽医研究所、福建农林大学、南靖品原养殖有限公司、漳州昌龙农牧有限公司	郑嫩珠、辛清武、缪中纬、朱志明、李　丽、章琳俐、黄一帆
143	2019年度科技进步奖三等奖	病死畜禽无害化智能处理机关键技术及应用	三明学院、福建省农业机械化研究所、华南理工大学、漳州市天洋机械有限公司	任　雯、陈金瑞、艾子健、赖森财、胥布工
144	2019年度科技进步奖三等奖	农用轮式挖掘机的关键技术研究及产业化	福建晋工机械有限公司	赵家宏、吕志忠、肖传奇、刘雄伟、吴景毅
145	2019年度科技进步奖三等奖	特色海产食品深加工关键技术创新及产业化	福州百洋海味食品有限公司、福建省农业科学院农业工程技术研究所	赖谱富、高向登、滕忠希、李怡彬、黄茂坤
146	2019年度科技进步奖三等奖	茶叶功能成分保健效应研究与产业化应用	武夷学院、福建农林大学、浙江大学、福建春伦集团有限公司	叶乃兴、屠幼英、吴　仲、KIMEUNHYE、张　渤

（续表）

序号	奖项	项目名称	主要完成单位	主要完成人
147	2019年度科技进步奖三等奖	乌龙茶及速溶茶粉风味品质提升关键技术的开发与应用	集美大学、福建八马茶业有限公司、大闽食品（漳州）有限公司	李利君、倪　辉、林荣溪、翁淑燚、黄高凌
148	2019年度科技进步奖三等奖	红茶自动化加工关键技术装备集成创新与产业化应用	福建佳友茶叶机械智能科技股份有限公司、中国农业科学院茶叶研究所、集美大学	董春旺、陈加友、陈英勇、江进福、刘建华
149	2019年度科技进步奖三等奖	福建省河流生态安全评价方法及其应用	福建省水利水电科学研究院、福建师范大学	康辉平、陈兴伟、李孝成、李世恩、林炳青
150	2019年度科技进步奖三等奖	优质抗病紫肉甘薯新品种选育与应用	福建省农业科学院作物研究所、福建省种植业技术推广总站	邱永祥、邱思鑫、罗维禄、刘中华、李华伟
151	2019年度科技进步奖三等奖	进出境重要花卉、果树和蔬菜病毒快速检测关键技术及应用	福州海关技术中心、中国检验检疫科学研究院、福建农林大学、福建省农业科学院果树研究所	沈建国、张永江、吴祖建、高芳銮、谢丽雪
152	2019年度科技进步奖三等奖	福建茶树主要害虫绿色防控规范化技术研究与应用	福建省农业科学院茶叶研究所	吴光远、曾明森、王庆森、刘丰静、王定锋
153	2019年度科技进步奖三等奖	凹叶厚朴良种繁育及规范化栽培关键技术研究	福建农林大学、福建林业职业技术学院	郑郁善、荣俊冬、陈礼光、陈凌艳、何天友
154	2019年度科技进步奖三等奖	“建阳橘柚”品种选育及其生态果园构建与配套关键技术集成应用	南平市建阳区经济作物技术推广站、福建省农业科学院农业生态研究所、福建省农业科学院生物技术研究所、南平市建阳区玉女橘柚生态示范场	刘　韬、吴瑞东、雷　龑、王义祥、翁伯琦

（续表）

序号	奖项	项目名称	主要完成单位	主要完成人
155	2019年度科技进步奖三等奖	食用菌高效安全生产关键技术研究及应用	福建农林大学、河南世纪香食用菌开发有限公司、福建省食用菌技术推广总站、福建万辰生物科技股份有限公司	江玉姬、邓优锦、陈炳智、李彦增、肖淑霞
156	2019年度科技进步奖三等奖	秀珍菇高产安全栽培关键技术提升	福建省农业科学院食用菌研究所	卢政辉、柯斌榕、兰清秀、兰世步、陈国平
157	2019年度科技进步奖三等奖	秃杉品种选育和资源高效培育技术研究与应用	福建省德化葛坑国有林场、福建省林业科学研究院	连勇机、欧阳磊、林贤山、陈元品、张先动
158	2019年度科技进步奖三等奖	先锋植物类芦对困难立地植被修复机理及其生态应用	福建农林大学	蔡丽平、侯晓龙、周垂帆、岳　辉、王友生
159	2019年度科技进步奖三等奖	肉羊舍饲关键技术研究与应用	福建省农业科学院畜牧兽医研究所、福建省畜牧总站、宏畅（福建）农牧科技有限公司、福建省福之羊生态农业科技有限公司	李文杨、刘　远、吴贤锋、沈华伟、李桂贤
160	2019年度科技进步奖三等奖	海水鱼刺激隐核虫病防控关键技术研发与应用	福建省农业科学院生物技术研究所、宁德市富发水产有限公司、福建省淡水水产研究所、福建省闽东水产研究所	龚　晖、樊海平、陈　佳、池洪树、郑炜强
161	2020年度科技进步奖一等奖	鲍远缘杂交育种技术与产业化应用	厦门大学、晋江福大鲍鱼水产有限公司、福建闽锐宝海洋生物科技有限公司、集美大学	柯才焕、游伟伟、骆　轩、李东昌、陈业鑫、曹敏杰、章　骞、黄妙琴、柯津伟
162	2020年度科技进步奖一等奖	蝴蝶兰品种创新关键技术与产业化	福建农林大学、广东省农业科学院环境园艺研究所、漳州钜宝生物科技有限公司、山东省农业科学院蔬菜花卉研究所、济南麒麟花卉有限公司、漳州新镇宇生物科技有限公司、厦门和鸣花卉科技有限公司、福州旗山花卉有限公司	兰思仁、刘仲健、吕复兵、彭东辉、萧郁芸、吕晓惠、陈和明、艾　叶、吴沙沙、黄瑞宝

（续表）

序号	奖项	项目名称	主要完成单位	主要完成人
163	2020年度科技进步奖一等奖	柚类水果采后高值化加工关键技术及产业化	集美大学、平和县农业科学研究所、广东金骏康生物技术有限公司、福建平和宝峰罐头食品有限公司、福建兴发机械有限公司、平和县友阳农副产品有限公司、平和县科技服务中心	倪　辉、李清彪、蔡慧农、胡　阳、朱东煌、周金林、黄泽生、吴玉山、赖友阳、张海金
164	2020年度科技进步奖一等奖	福建特色海洋生物高值化开发技术与产业化应用	福建省水产研究所、自然资源部第三海洋研究所、厦门医学院、集美大学、厦门市岛之原生物科技有限公司、福建罗屿岛食品有限公司、蛤老大（福建）食品有限公司、厦门洋江食品有限公司	刘智禹、洪碧红、吴靖娜、翁武银、乔　琨、陈　贝、熊何健、苏永昌、刘淑集、蔡水淋
165	2020年度科技进步奖二等奖	有机固体废物超高温堆肥技术及应用	福建农林大学、广东省科学院生态环境与土壤研究所、大地绿源环保科技（北京）有限公司、佛山市金凯地过滤设备有限公司、福建省致青生态环保有限公司	周顺桂、余　震、王跃强、唐家桓、廖汉鹏、陈　志、刘永跃
166	2020年度科技进步奖二等奖	作物节能节水灌溉新技术与设备的研发应用	福建农林大学、南昌航空大学、莆田学院、福建省莆田市农业技术推广站、诏安县农业技术推广站	何华勤、刘　斌、林授锴、郑　龙、刘　伟、李东滨、艾育芳
167	2020年度科技进步奖二等奖	微生物农药防控茶园主要害虫的关键技术与应用	福建农林大学、武夷学院、中国农业科学院植物保护研究所、武夷山香江茶业有限公司、福建绿安生物农药有限公司	黄天培、洪永聪、束长龙、徐秋生、关　雄、邵恩斯、姚荣英
168	2020年度科技进步奖二等奖	高品质燕窝制品加工关键技术及装备的创新与应用	福建农林大学、厦门市燕之屋丝浓食品有限公司、福建赛福食品检测研究所有限公司、福建品鉴食品有限公司	曾红亮、范群艳、胡嘉淼、张　怡、林少玲、陈永涛、徐　晖
169	2020年度科技进步奖二等奖	耐热小白菜新品种选育及产业化关键技术研究与应用	福建农林大学、福建金品农业科技股份有限公司、福建省种子总站、上海市农业发展促进中心、福州春晓种苗有限公司	钟凤林、邵贵荣、朱　鸿、林　晓、张瑞明、陈　伟、林义章

（续表）

序号	奖项	项目名称	主要完成单位	主要完成人
170	2020年度科技进步奖二等奖	绿僵菌核心资源发掘及其防控林业害虫关键技术创新与应用	福建省林业科学研究院、厦门大学、龙岩市新罗区森林病虫害防治检疫站、福州植物园、泉州森林公园管理处、南平市建阳区营林技术指导站	何学友、蔡守平、郑　宏、周军现、陈文玉、韩国勇、龚　辉
171	2020年度科技进步奖二等奖	野鸦椿种质创新和产业化关键技术研究	福建农林大学、贵州益康制药有限公司、福建中益制药有限公司、赣州市森源科技种苗场、福建洛普生物科技有限公司、福建大用生态农业综合发展有限公司	邹双全、倪　林、练芳松、游云飞、林阳峰、兰明忠、严　洪
172	2020年度科技进步奖二等奖	蔬菜烟粉虱成灾机制及防控关键技术研究与应用	福建省农业科学院植物保护研究所、北京市农林科学院、陕西上格之路生物科学有限公司	何玉仙、罗　晨、姚凤銮、郑　宇、王　然、赵建伟、翁启勇
173	2020年度科技进步奖二等奖	猪细菌性呼吸道病流行病学、病原学及防治技术研究与应用	福建省农业科学院畜牧兽医研究所、福建省农业科学院生物技术研究所	周伦江、车勇良、方勤美、王隆柏、林　琳、张世忠、王晨燕
174	2020年度科技进步奖二等奖	大宗淡水鱼良种扩繁及山塘稻田绿色养殖模式创新与应用	福建省淡水水产研究所、福建省顺昌县兆兴鱼种养殖有限公司、顺昌县水产技术推广站、清流县水产技术推广站、武夷山市水产技术推广站、福州市海洋与渔业技术中心	樊海平、薛凌展、吴　斌、秦志清、邓志武、林德忠、杜聪致
175	2020年度自然科学奖三等奖	海洋食品过敏及调控机理的研究	集美大学	刘光明、曹敏杰、刘庆梅、韩欣宇、刘　红
176	2020年度技术发明奖三等奖	裂壶藻定向发酵及其在反刍动物富集原生DHA牛奶中的创新与应用	厦门汇盛生物有限公司	钟惠昌、陈礼毅、陈水荣、谢枫才、王建烽
177	2020年度科技进步奖三等奖	天然植物提取物高效绿色加工关键技术与功能性产品创制	泉州师范学院、江南大学、大闽食品（漳州）有限公司	郑宗平、何志勇、郭凤仙、翁淑燚、陈洪彬

（续表）

序号	奖项	项目名称	主要完成单位	主要完成人
178	2020年度科技进步奖三等奖	退化人工林土壤氮恢复技术与关键机制	福建师范大学、福建省上杭白砂国有林场、福建省南平葫芦山国有林场	黄志群、邹秉章、万晓华、余再鹏、翁贤权
179	2020年度科技进步奖三等奖	大黄鱼深加工关键技术创新与产业化应用	福建农林大学、福建岳海水产食品有限公司、福州宏东食品有限公司、福建闽威食品有限公司	梁　鹏、罗联钰、黄　莹、程文健、陈　燕
180	2020年度科技进步奖三等奖	乌龙茶种质资源鉴定评价与创新利用及产业化应用	福建农林大学、武夷星茶业有限公司、福建融韵通生态科技有限公司	孙威江、陈志丹、郭玉琼、曹士先、晁倩林
181	2020年度科技进步奖三等奖	福建晚熟龙眼产业化关键技术研究与应用	福建省农业科学院果树研究所、宁德市经济作物技术推广站、宁德市高龙绿色农业有限公司	魏秀清、许家辉、袁　韬、许　玲、张富民
182	2020年度科技进步奖三等奖	水稻重要病害绿色防控及减药增效关键技术研究与应用	福建省农业科学院植物保护研究所、福建省农业科学院水稻研究所、江苏辉丰生物农业股份有限公司、溧阳中南化工有限公司	陈福如、石妞妞、阮宏椿、董瑞霞、杜宜新
183	2020年度科技进步奖三等奖	七叶一枝花种质资源搜集筛选及仿生态种植关键技术研究与应用	福建省农业科学院农业生物资源研究所、中国医学科学院药用植物研究所、福建省农业科学院生物技术研究所、三明市农业科学研究院	苏海兰、方少忠、李先恩、郑梅霞、周建金
184	2020年度科技进步奖三等奖	福建兰科植物重要病害病原鉴定及综合防控技术研发应用	福建省农业科学院植物保护研究所、福建百秾生态科技有限公司、福建星鼎建设有限公司	姚锦爱、余德亿、黄　鹏、蓝炎阳、陈　峰
185	2020年度科技进步奖三等奖	茉莉花茶品质形成机制及其窨制技术研究与应用	福建省农业科学院农业生物资源研究所、福州市果树良种场、闽榕茶业有限公司、福州市经济作物技术站	陈梅春、陈思聪、严锦华、王艳娜、林增钦
186	2020年度科技进步奖三等奖	福建省野生果树资源调查、收集与创新利用	福建省农业科学院果树研究所	韦晓霞、叶新福、吴如健、林朝楷、余孟杨

（续表）

序号	奖项	项目名称	主要完成单位	主要完成人
187	2020年度科技进步奖三等奖	红曲黄酒优良菌株选育与酿造关键技术创新应用	福建省农业科学院农业工程技术研究所、福建师范大学、福建屏湖红生物科技有限公司、福建福老酒业有限公司	何志刚、梁璋成、林晓姿、任香芸、李相友
188	2020年度科技进步奖三等奖	蜗牛分类修订与重要种关键检测技术研究及应用	福州海关技术中心、福建省农业科学院农业生物资源研究所	王　沛、周卫川、吴宇芬、钱周兴、胡美玲
189	2020年度科技进步奖三等奖	南方丘陵茶园退化阻控与生态修复模式及关键技术	福建省农业科学院农业生态研究所、福建省环境监测中心站	王义祥、刘明香、罗旭辉、李振武、杨冬雪
190	2020年度科技进步奖三等奖	山药种质资源的保存评价与创新利用	三明市农业科学研究院、福建省种子总站	华树妹、黄伟群、雷伏贵、李丽红、陈芝华
191	2020年度科技进步奖三等奖	植物源农药对福建主要林木食叶害虫毒力及应用研究	沙县林业科技推广中心、福建省林业科学研究院、三明市罗卜岩自然保护区工作站、南平市速生丰产林基地发展中心	洪宜聪、丁　珌、黄茂根、黄健韬、陈爱平
192	2020年度科技进步奖三等奖	互叶白千层植物抗菌剂生产关键技术与产业化应用	邵武市美菰林卫生用品有限公司、福建师范大学、福州仁量生物制品有限公司、福州英荷日用化学品有限公司	卢玉栋、吴燕斌、游瑞云、阮　英、莫　夏

表7-15　2016—2021年度福建省获全国农牧渔业丰收奖（农业技术推广成果奖）名单

获奖等级	项目名称	主要完成单位	主要完成人
2016—2018年度			
一等奖	猪场粪污微生物异位发酵综合技术推广	福建省畜牧总站	黄宏源、沈华伟、卓坤水、张海峰、王宗寿、吴俊穗、戴文霄、林丽娟、陈燕慧、华兆才、潘东建、邵金龙、林云琴、何清辉、林家传、杨金文、刘志鹰、杨建清、李东海、黎朝生、官聪雷、刘文理、吴永贵、卢海英、康永松

（续表）

获奖等级	项目名称	主要完成单位	主要完成人
二等奖	福建黑木耳提质增效关键技术集成与示范推广	福建省食用菌技术推广总站	肖淑霞、黄志龙、陈传明、巫仁高、饶火火、杨　彬、谢福泉、金珊珊、张闽春、翁垂芳、周修赵、刘福阳、李昕霖、黄茂富、钟祝烂、连成木、徐雪玲、陈木兰、刘慧兰、鲍兴禄、王爱仙、张树开、付永喜、肖兰芝、胡如澍
二等奖	闽西特色芋全产业链关键技术集成与示范推广	福建省龙岩市农业技术推广站	江添茂、李建生、罗兵贤、戴南火、左生力、王　俊、林建军、林玉明、郭丽芳、范光南、朱海彬、王鸿林、黄红新、郑云峰、王丁祥、吴才玉、范良桂、吴永华、邱荣彬、谢梅艳、赖庆生、谢　晟、游衍安、袁芸芬、罗诚贵
二等奖	规模畜禽养殖场污染治理技术应用研究及推广	福建省漳州市畜牧技术服务站	陈永贵、林映升、赵春燕、曾中华、黄海强、刘长木、汤海平、王海兴、冯晓巍、周可才、林招和、陈丽华、林青松、刘树根、张达敏、刘子豪、李顺芳、李益彬、朱永树、林剑弟、方秀艺、李鸿泰、张友亮、高燕珍、李　彬
三等奖	建宁县杂交水稻轻简制种技术推广与应用	福建省建宁县种子管理站	余添发、张启华、李忠才、林居宁、卢福安、黄回南、王绍清、冯发华、范亦新、陈传聪、吴志源、陈巧红、潘云青、谢良群、苏荣理、陈盛云、江福祥、赖仁仲、陈贤龙、姜桂梅、陈其俊、陈李平、黄周学、丁绍文

（续表）

获奖等级	项目名称	主要完成单位	主要完成人
三等奖	福建设施农业绿色高质高效生产模式研究与推广	福建省种植业技术推广总站	徐　磊、杨建榕、郑　龙、卢诗琴、陈木兰、曾日秋、王道平、蔡金福、王开璋、林建华、张保民、林南平、李崇高、王道锋、王元康、肖卫洪、洪旋珠、林　祁、陈丽洪、黄惠勇、吴山河、郭德基、王加法、吴世平、蔡梅钦
三等奖	晚熟龙眼良种及产业关键技术示范推广	福建省宁德市经济作物技术推广站	袁素华、许　玲、陈慕松、魏秀清、施金全、张春荣、阮炳銮、彭元层、林绪坚、应舒婷、王和寿、杨诗龙、杨美丽、郑碧海、吴美英、杨　莹、陈学銮、李妙芳、周　红、郭德生、谢鹏进、陈进发、林国杭、徐金龙、宋伏明
三等奖	茎用莴苣褪绿心腐病防控技术的示范与推广	福建省植保植检总站	林积秀、胡启镔、黄培枝、刘建密、陈文乐、吴兴明、陈彩霞、田新湖、严建辉、练德进、曹建娜、吴若蕾、钟金海、丁林华、潘恩霖、邓文财、钟燕飞、林增贵、黄　弘、陈宜修、张明真、严和荣、肖桂雄、余生灶、郭　毓
三等奖	福建省化肥减量增效技术模式集成与推广	福建省农田建设与土壤肥料技术总站	黄功标、王　飞、吴凌云、黄建诚、杨仁仙、彭来真、张　华、张世昌、张明来、曹榕彬、祝金虹、章赞德、王惠珠、李清华、刘德友、苏火贵、林明贤、潘明树、张扬城、陈圣桂、肖庆泉、陈世平、游梅兰、罗向阳、许祥富

（续表）

获奖等级	项目名称	主要完成单位	主要完成人
2019—2021 年度			
一等奖	福建现代茶产业技术体系提质增效关键技术集成创新与示范推广	福建省种植业技术推广总站、福建省农业科学院茶叶研究所、福建农林大学、福安市茶产业发展中心、武夷星茶业有限公司、福建八马茶业有限公司、武夷山市茶产业发展中心、福建品品香茶业有限公司	高　峰、周泽宇、于学领、郝志龙、杨　军、张雯婧、吴成建、陈林海、姜能宝、徐　杰、颜涌泉、张国雄、刘素惠、陈志强、吴振强、姜东明、林赞煌、陈育财、李霖林、余海燕、裴朝鉴、黄云勇、邱桂如、官发松、林清菊
二等奖	优质专用甘薯品种选育及产业化配套技术集成与应用	福建省农业科学院作物研究所、福建省种子总站、福建农林大学、龙岩市农业科学研究所、平潭综合实验区农业农村发展服务中心、福建紫心生物薯业有限公司、福建省古田县百家宴食品有限公司、长乐区富农达农民专业合作社	邱永祥、滕振勇、邱思鑫、吴敏文、郭其茂、黄伟群、陈选阳、邹海忠、张运潭、蓝春准、郑永富、蔡章棣、蓝春拥、翁钰玲、黄荣元、林碧英、戴峥峰、林丽艳、江保寿、刘清亮、周和谐、吴思逢、徐赛花、王家腾、郑建洪
二等奖	福建特色果茶绿色高效施肥技术集成与推广	福建省农业科学院土壤肥料研究所、福建省农田建设与土壤肥料技术总站、平和县土壤肥料与生态能源站、顺昌县土壤肥料技术站、武夷山市茶产业发展中心、福鼎市茶产业发展中心、南平市水土保持中心	李清华、陈子聪、付瑞洲、朱秀端、刘丽华、曾春华、刘启鹏、朱爱玲、徐　斌、陈贤玉、陈国奖、林芗华、黄煌伟、朱振柳、颜有明、丛艳静、曾志芳、汪健仁、张海燕、范县友、叶振亮、王世论、丁宝玲、蔡　斌、江和金
二等奖	规模猪场猪瘟和伪狂犬病免疫净化与维持技术推广应用	宁德市动物疫病预防控制中心	吴方达、陈序传、叶裕香、郑教雀、邱艳红、陈　铖、范良志、张礼冲、陈美玲、张顺清、张　婷、何　强、张慧瑛、王彩华、左璐雅、徐　植、甘　津、范春国、杨晓平、彭瑞雄、林立波、陈卫娜、郑巧銮、黄品铝、张垂调

（续表）

获奖等级	项目名称	主要完成单位	主要完成人
三等奖	节能环保型养殖技术集成创新与推广	福建省水产技术推广总站、福建海洋职业技术学校、福州市海洋与渔业技术中心、福清市水产技术推广站、建宁县水产技术推广站、漳平市水产技术推广站、福建三渔养殖有限公司	钟传明、李水根、陈燕婷、胡荣炊、叶　翚、周华书、游小艇、万为民、黄星光、朱小发、许智海、陈　飞、陈庆荣、钟国龙、杨晓艳、张玉清、张志斌、杨　明、郭贤平、李红岩、郑秋真、董政德、朱振伟、余恩玲、许仁寿
三等奖	坛紫菜高效绿色生产技术集成与示范推广	宁德市水产技术推广站、福鼎市水产技术推广站、霞浦县水产技术推广站、苍南县渔业技术推广站、福建省平潭县水产良种实验有限公司、福建省远扬藻业股份有限公司、福鼎市兴旺紫菜育苗专业合作社、福建蓝海食品科技有限公司	陈庆凯、刘燕飞、郑守专、陈梅芳、陈孝涨、王朝新、黄惠珍、陈曦飞、林位琅、林漫山、周小文、郭雄通、陈宇童、康建平、王孟华、尤颖哲、张开祥、张秀健、高丽华、张能国、蔡庆旺、陈同弟、詹文华、黄晓荣、张孝耀
三等奖	南方水网地区畜禽养殖废弃物资源化利用集成技术与应用	福建省畜牧总站、南平市畜牧站、三明市畜牧站、浦城县畜牧站、福州市长乐区动物疫病预防控制中心、漳州市龙海区畜牧技术服务站、福安市农业服务中心、漳州三炬生技术有限公司	陈玉明、杨敏馨、黄宏源、王宗寿、林丽娟、林晓钦、吴小琴、廖斌斌、夏江平、姚伟民、陈晓燕、林忠华、黄海强、黄清虎、吴胡强、蒋景红、林晓英、陈德朝、吴锦松、陈云荣、刘水珠、吴晓鸣、林国徐、章秋君、朱瑞平
三等奖	秀珍菇设施栽培提质增效生产技术集成与推广	福州市蔬菜科学研究所、福建省农业科学院食用菌研究所、福建农林大学、罗源县经济作物技术站、三明市食用菌技术推广站、漳州市经济作物站、古田县茂辉食用菌专业合作社、福建成发农业开发有限公司	陈秀娟、卢政辉、吴小平、柯斌榕、陈国平、饶永斌、王艳娜、兰世步、兰凉英、杨　彬、彭传尧、张琪辉、余运进、杨爱玲、林　光、林雅贞、林国富、颜清松、蔡志英、钟则銮、陈文字、李春华、杨建木、陆长豪、杨书清

（续表）

获奖等级	项目名称	主要完成单位	主要完成人
三等奖	南方土壤酸化治理技术集成与推广应用	福建省农田建设与土壤肥料技术总站、福建玛塔生态科技有限公司、福建省农业科学院土壤肥料研究所、福清市土壤肥料技术站、武夷山市土肥技术站、宁化县农田建设与土壤肥料技术推广站、福建稻田科技有限公司、福建众鑫农业科技有限公司	张卫清、吴凌云、黄功标、黄　倩、张世昌、潘香玉、林明义、陈绪龙、钟勇法、沈金泉、何春梅、赵小莲、张民生、黄建诚、潘住财、陈桂荣、廖玉琴、吴家林、朱宏生、叶华仙、黄慧娥、施发梅、张生毅、周秀生、陈建云
三等奖	福建省耕地安全利用技术集成与推广	福建省农业生态环境与能源技术推广总站	邱小文、李　斌、陈炎辉、游　武、李　融、陈清海、陈家炜、林强润、陈勇红、谢宝玲、张元力、张嫩珠、郑聪斌、吕新放、林世泽、王贞奖、周如昭、梁继旺、林顺娇、翁海贤、谢文林、王吓琴、李儒庆、彭燕春、方明春
三等奖	茄果类蔬菜新品种选育及其配套栽培技术推广	福建省热带作物科学研究所、福建农林大学、福建超大现代种业有限公司、福建省意达科技股份有限公司、厦门市江平生物基质技术股份有限公司、福建百汇绿海现代农业科技有限公司、漳州三本肥料工业有限公司、福建省三明翠椒种业有限公司	陈振东、林秀香、郑　涛、牛先前、黄章国、林锦辉、张金焕、徐福乐、许　茹、方　靓、张天翔、吴亚海、钟凌鹏、邓　琳、洪东方、陈国跃、陈　宜、钟凤平、李文彪、陈明发、陈维忠、吴文昊、康丽雪、何煌明、詹庆娘

表 7-16　2016—2021 年福建省获神农中华农业科技奖名单

获奖等级	项目名称	主要完成人	主要完成单位
2016—2017 年度			
三等奖	南方冬作区优质马铃薯新品种选育与配套栽培技术	汤　浩、金黎平、王　舰、罗文彬、郑　旋、周　云、段绍光、许泳清、李华伟、罗维禄	福建省农业科学院作物研究所、中国农业科学院蔬菜花卉研究所、青海省农林科学院

（续表）

获奖等级	项目名称	主要完成人	主要完成单位
三等奖	高产优质抗黄曲霉花生闽花6号等品种的创制与应用	庄伟建、陈　华、郑奕雄、唐荣华、张　冲、蔡铁城、邓　烨、翁定河、官德义、蔡来龙	福建农林大学、仲恺农业工程学院、广西壮族自治区农业科学院经济作物研究所
三等奖	畜禽养殖微生物发酵床综合技术的研发与应用	刘　波、蓝江林、盛清凯、郑雪芳、耿　兵、车建美、李兆龙、顾洪如、唐建阳、钱　坤	福建省农业科学院、中国农业科学院农业环境与可持续发展研究所、山东省农业科学院畜牧兽医研究所、江苏省农业科学院畜牧研究所、安徽省农业科学院畜牧兽医研究所
2020—2021年度			
二等奖	菌草生态治理与高效利用关键技术及应用	林占熺、刘　斌、林冬梅、林　辉、鲁国东、林志彬、李钢铁、杨仁德、汪　飞、邓振山、王赛贞、林占森、黄国勇、林应兴、刘艳玲	福建农林大学、北京大学、内蒙古农业大学、贵州省土壤肥料研究所、延安市微生物研究所、延安大学、儋州牧春绿色生态农业开发有限公司
三等奖	特色食用菌高值化加工关键技术创新与产业化应用	陈君琛、赖谱富、李怡彬、沈恒胜、汤葆莎、吴　俐、翁敏劼、郑恒光、陈国平、饶火火	福建省农业科学院农业工程技术研究所

第八章 闽台农业科技合作

福建和台湾一水之隔，自然条件、气候条件相似，闽台农业互补性强，合作空间巨大。基于这些优势，闽台农业交流合作是闽台融合发展的一大特色，深化闽台农业融合发展是福建乡村振兴的发力点和亮点。截至 2020 年，福建省累计批办台资农业项目 2 789个，合同利用台资 42.2 亿美元[41]。其中 2016—2020 年批办台资农业项目 243 项，合同利用台资 6.1 亿元，全省农业利用台资的数量和规模继续保持全国各省份第一。“十三五”期间，闽台在农业基础研究和农业“五新”技术推广合作方面取得显著成效，持续推动闽台农业融合发展走深走实。

一、闽台农业基础研究合作

国家自然科学基金是国家基础科学研究的重要支撑，也是国家高端科技人才培养的重要平台。2016 年福建省政府与国家基金委续签《关于设立促进海峡两岸科技合作联合基金的协议书》第二期协议，继续发挥国家自然科学基金海峡联合基金的引领辐射作用。设立该基金的目的是充分发挥国家自然科学基金的导向作用，引导社会科技资源投入基础研究，进一步吸引和聚集海峡两岸科学家开展科技合作，重点解决福建省及我国台湾地区共同关心的重大科学问题和关键技术问题，带动人才队伍建设，促进区域经济与社会的可持续发展[43]。海峡联合基金属于国家自然科学基金重点项目，每项资助金额在 200 万元以上，面向全国，公平竞争。在申报条件方面，项目申报单位必须要有福建省方面合作的成员单位，同时还要有台湾方面合作的科研人员，仅 2016 年和 2017 年，海峡联合基金就吸引我国台湾 96 个单位、约 185 人次参与项目申请，海峡两岸的科学家们围绕福建及台湾地区共同关心的重大科学问题和关键技术问题开展基础研究。在经费来源方面，海峡联合基金每年规模是 5 000万元，国家基金委和福建省政府各资助 2 500万元。

2016—2020 年，由福建省科研院所主持、联合台湾地区科研院所共同承担的涉及农业领域和资源环境领域的海峡联合基金项目共 26 项，资助总金额达 6 129万元（表 8-1），这些项目对福建农业科技发展和闽台农业科技合作起到重要作用，促进了福建省农业基础研究层次的提升，极大地推动了福建高端农业科技人才的培养，扩大了闽台科研院所在农业科技基础研究领域的合作与交流。

表 8-1　2016—2020 年国家自然科学基金海峡联合基金项目（农业领域和资源环境领域）

序号	项目名称	编号	资助金额（万元）	主持人	所在单位	立项年份
1	CqVCP 调控内体分选白斑综合征病毒逃逸自噬降解的分子机制	U2005210	279	刘海鹏	厦门大学	2020
2	表观调控机制与防御信号转导途径介导硅诱发水稻抗虫的机理	U2005208	269	曾任森	福建农林大学	2020
3	调控稻瘟病抗性的水稻类受体蛋白激酶基因的鉴定和功能解析	U2005211	266	鲁国东	福建农林大学	2020
4	东南亚—闽台地区持久性有机污染物的跨境传输及其海洋调控	U2005207	267	蔡明刚	厦门大学	2020
5	闽台特色乌龙茶特征风味指纹图谱及烘焙过程关键风味形成机制	U2005209	262	倪　莉	福州大学	2020
6	新型复合微生物藻华调控剂的创制与应用评价	U20B2037	253	徐　虹	厦门大学	2020
7	基于极端天气条件的闽台地区饮用水微生物安全性研究	U2005206	264	于　鑫	厦门大学	2020
8	近岸海洋有害生物羟基自由基高效安全防控的关键技术研究	U1905212	233	白敏冬	厦门大学	2019
9	大黄鱼免疫球蛋白 IgM 和 IgT 在抗刺激隐核虫感染中的功能研究	U1905204	232	陈新华	福建农林大学	2019
10	闽台特色海鱼加工过程中品质形成的分子基础及调控机制	U1905202	222	汪少芸	福州大学	2019
11	水稻条纹病毒编码的 P3 蛋白介导的 MicroRNA 加工机制	U1905203	232	吴建国	福建农林大学	2019
12	分级多孔二维高效催化材料的海洋生物模板制备与废水净化研究	U1905215	227	于　岩	福州大学	2019

（续表）

序号	项目名称	编号	资助金额（万元）	主持人	所在单位	立项年份
13	松墨天牛肠道优势菌 *Serratia* sp. 的定殖迁移规律及其转 Bt Cry 毒素生防工程菌株的构建	U1905201	222	张飞萍	福建农林大学	2019
14	亚热带重要人工林凋落物化学结构对土壤有机碳周转和稳定性影响及其机制	U1805243	228	胡亚林	福建农林大学	2018
15	台湾海峡浮游植物群落演变及其对河口羽流—上升流耦合系统的响应	U1805241	230	黄邦钦	厦门大学	2018
16	福建特色柑橘类水果琯溪蜜柚有效成分的确定及增值利用途径探索	U1805235	220	倪　辉	集美大学	2018
17	新疆大型真菌多样性及其与生境的关系	U1803232	263	邱君志	福建农林大学	2018
18	青蟹抗菌肽在发育与生殖关键过程中的生发规律及其受激素调控的分子免疫机制	U1805233	229	王克坚	厦门大学	2018
19	闽台稻瘟病菌群体变异及致灾机制研究	U1805232	232	王宗华	福建农林大学	2018
20	台湾浅海热液生态系统微生物驱动的碳—氮—硫循环耦合过程演变	U1805242	228	张　瑶	厦门大学	2018
21	重大入侵害虫红棕象甲体内体外免疫防御效能及其权衡机理	U1705232	200	侯有明	福建农林大学	2017
22	大黄鱼抗内脏白点病性状的遗传解析和育种基础研究	U1705231	222	王志勇	集美大学	2017
23	花生抗青枯病基因克隆与 *AhqBW1* 基因抗病分子机理研究	U1705233	200	庄伟建	福建农林大学	2017

（续表）

序号	项目名称	编号	资助金额（万元）	主持人	所在单位	立项年份
24	大黄鱼组织蛋白酶 cathepsin S 在 MHC－Ⅱ类抗原呈递中的功能及其调控研究	U1605211	217	陈新华	福建农林大学	2016
25	鲍耐高温杂种优势的分子机制研究	U1605213	216	柯才焕	厦门大学	2016
26	菠萝雌配子体发育及演化研究	U1605212	216	秦　源	福建农林大学	2016

厦门大学“海峡两岸杂色鲍种质资源评估与主要养殖性状的遗传基础研究”项目，涉及遗传学与生物信息学、生命科学、资源与环境、数据与计算机科学等学科领域，两岸科学家携手共同攻克杂色鲍种质资源以及竞技性状遗传研究的技术难题，其研究成果东优 1 号杂色鲍已在福建、广东和海南 3 省大面积推广，截至 2018 年，累计推广新品种苗种超过 5 亿粒，产值 15.6 亿元，创利润 4.7 亿元。福建农林大学携手台湾中国医药大学，研发了微生物功能菌肥，构建了太子参连作障碍防控技术体系，至 2018 年已示范推广 2.9 万亩，项目获得 2019 年度福建省科技进步奖一等奖。福建农林大学、台湾大学、闽江学院多位师生在海峡联合基金项目资助下，携手联合攻关，针对稻瘟病给世界水稻生产造成严重损失的问题，首次利用群体基因组学的方法对世界各地的 100 个稻瘟病菌田间菌株全基因组 SNP 位点进行分析，并构建系统发育进化树，研究成果在国际著名期刊发表，为不同地区稻瘟病菌群体特征研究并有针对性地进行水稻抗瘟育种和品种布局利用提供理论依据。

二、闽台农业“五新”技术合作

长期以来，我国台湾农作物品种以其品质优异而受到国际农产品市场的广泛青睐。福建省利用从台湾引进的新品种进行杂交繁育，培养出适合福建本地生长的地方品种并大面积推广应用，福建省农产品品种与品质结构由此开始走向良性调整，大大地改善了福建农产品的品种品质，提高了福建农业良种覆盖率，形成了一批支柱特色产业。

“十三五”期间，福建进一步加强引进推广台湾农业新品种、新技术、新肥料、新农药、新机具“五新”技术，不断深化茶业、精致水果、花卉、食用菌、农产品加工、休闲观光等优势产业合作，提升台湾农民创业园、闽台农业融合发展产业园、海峡两岸现代林业合作试验区等建设水平，推动乡建乡创闽台合作项目走深走实，吸引台湾同胞来闽投资、创业和发展。“十三五”期间闽台农业合作推广示范县共引进台湾农业良种100多个、台湾农业“五新”技术200多项。累计已引进台湾农业良种2 500多个，先进实用技术和新农药、新肥料1 000多项，先进农机具和加工设备2万多台套，推广面积超过1 000万亩[44]。

一是“五新”技术助推福建特色农业转型升级。福建省以建设10个闽台农业合作推广示范县和125个闽台农业融合发展示范基地为抓手，围绕我国台湾优良品种、实用种养技术、先进加工工艺、小型现代农机具等重点，建设了一批高标准推广示范基地，开展生产适用技术培训，推动台湾农业“五新”良种良法等技术集成示范和普及推广。截至2020年年底，示范县和示范基地扶持项目建设进展顺利，培育形成了火龙果、莲雾、百香果、东方美人茶等特色产业，成为福建现代农业发展的新增长点。2020年，全省引进推广台湾农业良种112个、先进实用技术46项，不断推动现代特色农业提质增效[45]。通过对台湾农业关键种苗和配套技术的引进、研发、创新和集成示范推广，培育推广了以福建百香果1号、福建百香果2号为代表的一系列优良品种，发展壮大了金线莲、食用菌、莲雾、百香果、火龙果等一批地方特色产业。一批加工企业的生产线借助“五新”技术进行升级改造，上杭大地生机等一批加工企业引进台湾先进的食品冻干、真空脱水、低温膨化等农产品精深加工技术，推进企业高质量发展。厦台种业在新品种研发、资源利用、经营管理、人才信息和种子贸易等方面深入融合，厦台种子企业每年合作引进、选育蔬菜新品种150个以上、种子贸易额在1亿元以上[7]。台资种子企业农友种苗（中国）有限公司已发展成为国家级现代种业企业，积极引进台湾蔬菜种质资源，选育出瓜类、茄果、甜玉米、豆类等优良抗病丰产的品种，拓展省内外市场，成效好，带来了优良的品种资源、先进的育种技术和管理经营理念，培养了一大批种业人才。厦门已成为祖国大陆和台湾种业融合发展重要的试验示范地。

二是“五新”技术推动闽台农业融合发展。设立闽台农业融合发展产业园，是福建省探索海峡两岸融合发展新路的具体举措。2019年，福建省围绕同安、漳浦、上杭、南靖、邵武、永春、永泰、永安和平潭9个闽台农业融合发展产业园，以壮大特色现代农业为重点，加强闽台现代种业、特色农机、精致果蔬、农渔林竹、农产品加工等对接合作，积极打造两岸农业深度融合的重要载体和示范窗口，推动各个产业园建设取得新实效。2020 年，9 个产业园共引进国众智能农机等 31 个台资农业项目，合同利用台资 5 500万美元。厦门同安闽台农业融合发展产业园以同安区竹坝片区为核心区，面积 1 000亩，依托厦门百利等重点种子种苗企业，设立厦门同安闽台农业融合发展（种子种苗）产业园，引导海峡两岸种子种苗企业强强合作，推动联合育种攻关和商业化育种，与台湾高校和科研机构合作开展种子种苗科研及种质资源库建设，优化品种品质结构，提升科技水平，打造两岸种子种苗业新高地[45]。

三是引进“五新”促进中国台湾农业科技人才来闽创业创新创造。邵武市引进福建省第一批“百人计划”优秀人才、台湾农业专家入园创业，成功培育出白脂玉莲雾，获得“羊脂白”专利；园区选认 5 位台胞科技特派员，对重点农业企业进行一对一指导、点对点服务。永春县加强与台湾水果专家教授合作，以永春叙柑园台资农业企业为示范，科学规划产业发展，规范生产管理，推动柑橘产业永续发展。

四是引进“五新”促进闽台行业标准共通。福建以台创园为基地，组织两岸专家、业者联合研制“台式乌龙茶”系列标准，并推动《台式乌龙茶》《台式乌龙茶加工技术规范》等两项国家标准顺利通过审定。此外，漳平台创园的永福高山茶获农业农村部颁发的农产品地理标志登记证书。

第九章 农业科技推广

一、科技特派员制度

科技特派员制度是习近平总书记在福建工作时深入总结基层经验、科学深化提升、大力倡导推动的一项重要农村工作机制创新。科技特派员队伍是农业科技的传播者、科技创新创业的领头羊、乡村脱贫致富的带头人。20 年来，福建省始终牢记习近平总书记嘱托，着眼于乡村振兴和脱贫攻坚，加快发展特色现代农业、推进绿色发展，大力引导农业科技人才深入农村基层一线开展科技创业和服务，向农村基层输入先进适用的技术成果和经营模式，切实把农业发展转向依靠科技进步和劳动者素质提高的轨道上来。

（一）深化制度建设，优化政策供给

2019 年 12 月，习近平总书记对推行 20 周年的科技特派员制度作出重要指示后，福建省人民政府和省委省政府办公厅先后出台《关于深入推行科技特派员制度的实施意见》《福建省关于新时代坚持和深化科技特派员制度的实施意见》，设立专项补助资金、不断优化政策供给，持续推进选认机制和服务模式创新，进一步完善科技特派员制度体系，各设区市和县市也相应出台配套政策措施，从政策、资金等方面认真落深落细落实科技特派员工作，积极营造浓厚工作氛围。同时，福建省科技厅启用福建省科技特派员服务云平台，在手机客户端、微信公众号等新媒体上应用，提升了科技特派员工作的服务效率。

（二）双向选择，按需选认

“十三五”期间，福建按照“机制活”的要求，坚持跨界别、跨区域选拔科技人才作为省级科技特派员，在全国率先改“选派”为“选认”，按照双向选择、按需选认、精准对接的要求，坚持适应基层和市场化导向的工作机制创新，选认了更合适的科技特派员到最需要的地方去。2017 年选认省级科技特派员 1 358人，2018 年 3 826人，2019 年达到 5 479人。2019 年在一线开展服务的各级科技特派员超过 1 万人，基本构建了省、市、县三级科技特派员服务队伍。随着科技特派员开展创业和技术服务环境不断优化，选认的省外科技特派员数量也逐年增加：2017 年 53 名，2018 年 139 名，2019 年达到 436 名。

（三）乡镇全对接，三产全覆盖

产业是发展的根基，也是乡村振兴的主要依托。福建不仅实现了科技特派员的创业和技术服务乡镇全覆盖，还实现了创业和技术服务领域一二三产业全覆盖[46]。至 2020 年全省累计选认科技特派员 2.18 万人次，省级科技特派员创业和技术服务已实现全省 916 个乡镇全覆盖，省级扶贫开发工作重点县人才支持计划累计服务乡镇 292 个，帮助受援对象合计增收 1.38 亿元。全省科技特派员一产占 61.44%、二产占 21.63%、三产占 16.93%，在一产中服务领域涵盖了全省十大特色农业产业。科技特派员发挥自身优势，通过深植产业，强化科技集成创新，增加技术源头供给，为乡村振兴和产业发展输入了新动能。

（四）拓展服务模式，激发内生动力

科技特派员制度改变了以往过多强调科技公益性扶持和无偿服务的做法，鼓励科技特派员以技术和成果为纽带，按照市场化运作的方式，多年来形成了“科技+龙头+基地”“科技+书记”“科技+协会”“科技+金融”“科技+流通”“龙头企业+基地+科技特派员+农户”等丰富的服务模式，有效激发了各方创新创业的积极性。仅由省级科技特派员领办创办的企业和专业合作社就有 5 298家，科技特派员依托“众创空间”“星创天地”、产业技术联盟、科技企业孵化器、创新创业示范基地等平台开展工作，推动更多科技成果加速向现实生产力转化，实现农民增收、企业得利、特派员受益、社会发展，科技人员扎根农村也有了宽阔的舞台。

（五）助力脱贫攻坚，带动农民增收

福建省科技特派员瞄准并精准对接贫困区域发展的科技需求，以创业式的扶贫带动产业转型升级，带动农民增收致富，累计服务农户和企业 39 188个，建立示范基地 846 个。建成 78 家省级以上星创天地，7 个国家级、9 个省级农业科技园区，建成 5 条国家级科技特派员创业链、4 个国家级创业基地、102 个省级科技特派员

创业示范基地。“大黄鱼之父”刘家富研究员不仅拯救了我国大黄鱼资源，还建立起完善的大黄鱼养殖产业技术支撑体系，形成了大黄鱼养殖产业链，带动了30多万名劳力就业。高级农艺师苏海兰常年扎根光泽深山老林，让七叶一枝花这朵“濒危之花”成为光泽一方“富民果”。长江学者廖红教授独创“茶园套作氮磷协同高效大豆和土壤生境优化技术”应用于武夷山茶园，让武夷岩茶走上优质、高效、绿色生态循环生产模式，为茶叶生态种植提供了可推广可复制的解决方案。胡开辉教授担任院长的古田菌业研究院，形成了“全链条”科技特派员团队服务，助力宁德市古田县食用菌技术总体水平实现质的飞越。孙威江教授团队牵头的首批国家级科技特派员茶产业创业链，为福建省安溪、福鼎、武夷山等主要茶区发展带来“核变”。

（六）集团作战，产业升级

福建省农业科学院组建了44个团队科技特派员、14个法人科技特派员，稳定形成了一支400多人的科技特派员队伍，是全省选派科技特派员最多的单位，科技特派员工作走在全省前列。该院深入推进科技精准帮扶，建立研究所对口挂钩扶贫县的帮扶机制，年均组织实施科技扶贫项目150多个，促进贫困县特色产业发展，带动贫困户脱贫致富。

福建农林大学持续实施科技特派员制度，组织实施重大农技推广试点、服务乡村振兴“八大工程”等一批服务项目，学校每年预算社会服务经费500万元，专门用于科技特派员等社会服务支出，每年遴选10支团队并给予每支团队30万元经费支持。截至2020年年底，已累计选派省级科技特派员1 132人，组织科技特派员团队118支。如科技助力甘肃定西和宁夏固原“四个一”林草产业发展，组建科技特派员团队10支，参与专家超百人，其中1位科技特派员被授予全国“创新争优奖”，探索形成的生态扶贫模式受到国务院扶贫办（现国家乡村振兴局）等部门肯定。

圣农集团开创“离岸孵化+带土移植”模式，成立国家级研发中心，充分运用扬州大学、哈尔滨兽医研究所、福建省农业科学院和福建农林大学的科研资源，推动产学研深度融合支撑高质量发展，大批国内外顶尖人才前来创业、技术入股，助力圣农产业链向原种鸡培育、兽药疫苗、生态养殖等技术密集行业延伸。圣农集团与中国工程院院士刘秀梵为首的科技特派员团队深度合作，自主研发培育国内首个白羽肉鸡品种，终结了白羽肉鸡种源完全依赖进口的历史。

（七）典型纷呈，金字招牌

2019年10月在北京召开的科技特派员制度推行20周年总结会议上，福建省科技特派员苏海兰、黄瑞宝、谢福鑫、黄新忠及三明市农业科学研究院、南平市科学技术局2个科技特派员组织实施单位，获科技部通报表扬。在会上，苏海兰代表全国数十万科技特派员作交流发言。多年来福建涌现出多个“明星”式科技特派员，还有两院院士、长江学者、国家杰出青年，甚至“洋科特派”等多个高端人才加盟科技特派员团队。还有“一号科特派”吴敬才、“榛仙”詹夷生、“葡萄仙”谢福鑫、“菇王”刘瑞璧、“竹仙”林振清、“橘仙”方金妹等一批“明星”科技特派员，常年活跃在八闽的田间地头、竹海茶园、海滩渔排、企业车间。总之，福建科技特派员工作已走在全国的前列，是新时代全国科技特派员工作名副其实的“金字招牌”。

二、基层农技推广培训

“十三五”期间，福建省紧紧围绕培养、引进、用好人才，着力建设一支“一懂两爱”的农业农村人才队伍，为全方位推动福建农业农村高质量发展提供有力的人才支撑。

（一）完善农技推广体系和制度保障

实施全国基层农技推广体系改革与建设补助项目，福建省累计投入中央资金6亿多元，建设县乡农技推广机构2 056个，配备农技人员8 778人；70个主要农业县871个乡镇农技推广机构修缮或新建业务用房，配置办公、检验试验等仪器设备，基本实现了“办公有场所、下乡有保障、服务有手段”。福建省农业农村厅积极推动各地通过建立基层农技推广人员管理、聘用、责任、考评、培训以及推广等“六项制度”，不断强化基层农技推广机构公益性功能。全省县乡农技推广人员工资福利待遇和工作经费全部纳入各地财政预算并按时足额发放，实现农技推广“有人干”“不缺位”。

（二）实施农业技术人才知识更新工程

加强农业科技高层次人才培养，大力实施农技推广人员业务提升计划，每年组织全省 1/3 的农技人员参加部、省、市、县各级业务培训，不断更新知识和提升服务能力。2020 年组织专业技术人员完成继续教育 2.3 万学时，组织农技推广骨干人才培训 16 期，指导省市县分级分类培训基层农技推广人才 1.1 万人次。发挥农技人员对农业“五新”技术的示范推广作用。至 2020 年年底，全省 70 个主要农业县（市、区）已建成农业科技示范基地 239 个、示范主体 28 000多个，形成了“县县有产业示范基地、乡乡有科技展示样板、村村有科技示范主体”的农业科技示范网络。

（三）实施高素质农民培育工程

一是分类培训。根据各地特色现代农业产业发展的需要，采取“分段式、参与式、重实训”的培训模式，大力推进分级分类培训，进一步拓展了广大农民的生产发展理念，提升了农业技能和经营管理能力。2020 年福建省选送 3 513名青壮年农民接受非全日制大中专学历教育，开展高素质农民培训 4.5 万人次。“十三五”期间，全省累计新增培训高素质农民近 20 万人，迄今已拥有一支 50 万名新型职业农民队伍，为加快福建乡村特色产业发展提供了人才和技术支撑。二是远程培训。根据农时季节和农民的实际需求，每月举办 1 期全省农村实用技术远程培训班，通过福建省应急视频会商指挥视频系统、福建电视台乡村振兴频道和福建省农业科学院视频服务网络进行远程培训，并制作成流媒体课件上传到福建省农村实用技术远程培训网络，免费提供给广大农民在线学习，2016—2020 年参训农民累计达 600 万人次。三是在线互动。加快推进农技推广信息化进程，全面推广使用“中国农技推广”App、“福建 12316”服务热线和“慧农信”微信公众号等服务平台，以视频互动、在线答疑、远程诊断等方式，全天候接受咨询和求助，及时解答农民生产技术难题，农技服务信息化率超过 90%，走在全国前列。

（四）实施科技助力乡村产业振兴千万行动

科技助力乡村产业振兴千万行动，是由福建省农业农村厅牵头，组织全省千名农业专家进千村入万户，开展科技咨询、现场指导、解决关键技术等服务的一项科技助力乡村振兴行动。2019 年从福建省农业科学院、福建农林大学等农业高校和农业科研院所以及各级农业技术推广部门共选派了 1 520名农业专家牵头组建 1 230多支技术服务小分队，深入 13 500多个村为新型农业经营主体和小农户提供服务，采取“一村一策”“一业一策”的帮扶措施，精准对接科技需求，即针对当地主导产业或特色产业发展中遇到的技术瓶颈和发展难题，开展技术咨询和现场指导等服务，集成应用一批先进实用科技成果，示范推广一批农业可持续发展模式，培育壮大新型农业生产经营主体，打造一批科技引领示范村，满足乡村产业振兴对新品种、新装备、新产品、新技术和新模式等科技成果的需求，为促进特色现代农业高质量发展提供强有力的科技支撑。

以福建省农业科学院为例，该院建立了院、所领导联系国家和省现代农业示范园区、重点县服务机制，与 30 多个县（市、区）政府开展合作，组建了 22 支科技服务团队，围绕农业全产业链，年均组织实施 200 多个科技示范项目，示范推广新技术新品种 700 多个，服务新型经营主体 300 多个，有效服务区域特色农业产业发展。

第十章 “十三五”福建农业科技重大成果选介

一、白羽肉鸡育种技术

白羽肉鸡的育种是西方国家经过百年时间，投入大量的人力财力，由一批批科学家通过“遗传算法”不断优选而来。我国白羽肉鸡的种源长期完全依赖进口，引种量大，易受封关和种源疾病的困扰。长期大量的引种不仅威胁我国肉鸡种业安全，也给家禽生物安全带来了挑战。无论从产业稳定发展，还是国家长远战略考虑，都迫切需要自主自立开展白羽肉鸡育种工作。福建圣农控股集团有限公司积极响应国家号召，调配公司核心研发团队，并耗费巨资采用国际最先进的技术和设备，综合运用常规育种和现代分子生物学技术，建立国际上最完善的生物安全防控体系、纯系和配套系种鸡饲养管理标准体系，历时 4 年多时间，终于独立自主培育出国内第一个白羽肉鸡原种鸡配套系——SZ901 配套系，正式通过农业农村部审定，打破了种源完全依赖进口，标志着中国白羽肉鸡种源“卡脖子”问题的解决。目前，福建圣农育种场已经培育出了 8 个白羽肉鸡品系，预计能够生产 80 万套祖代鸡，可满足我国 80%的市场需求。

二、菌草生态循环产业关键技术研究与应用

菌草技术符合新时代生态文明思想，在乡村振兴、生态环境治理和改善等领域发挥非常重要的作用，同时也为中国走向世界提供了非常重要的平台，在援外工作中取得了重大的成就和非凡的影响力。福建农林大学国家菌草中心历经 30 多年研究，通过筛选抗逆性强、生物量大的草种，进行配置、建植复合草篱，把太阳能高效地转化为菌草，在短期内达到防风固土的作用，成本低、见效快；利用菌草栽培食药用菌、饲喂禽畜，提升肉品质和生产性能，同时利用菌糟开发饲料和肥料，建立植物、菌物和动物三物多次循环转化、综合利用的资源节约型、环境友好型的生产模式，创建了菌草防沙固沙技术体系，形成应用菌草生态循环产业技术体系。成果具有适应性强、用途广、产业链长等特点，能用于大江大河和湖泊的水土流失，能有效缓解我国畜牧业饲料短缺的难题，还能作为生物质能源材料，产业化前景巨大，为我国乃至世界生态治理创造新思路，对我国大力推

进生态文明建设意义重大。项目获得2018年度福建省科技进步奖一等奖。中国菌草技术发明人、福建农林大学国家菌草中心首席科学家林占熺教授，多年来把菌草技术推广至全国31个省份506个县。与此同时，中国的菌草走出国门，菌草已经传播到全球106个国家和地区，成为践行人类命运共同体理念的“友好使者”。林占熺和团队把菌草技术翻译成18种文字在世界各地传播，为发展中国家培养菌草技术骨干逾1.2万人。来自中国的菌草技术，正在为落实联合国2030年可持续发展议程贡献中国智慧、中国力量。

三、鲍远缘杂交育种技术与产业化应用

中国是世界第一养鲍大国，养殖产量占全球产量的90%，福建是中国鲍鱼的主养区，产量占全国的80%以上，年产值200多亿元。针对鲍鱼夏季高死亡率、国内缺乏大规格鲍鱼等产业“卡脖子”问题，厦门大学海洋与地球学院等单位创新育种思路，建立鲍远缘杂交育种技术体系，经过11年的科研攻关，在国内首次实现了西氏鲍、绿鲍批量继代繁育和保种，首创鲍高效远缘杂交育种技术体系，培育出“西盘鲍”和“绿盘鲍”两个国审鲍新品种，创社会经济效益53.5亿元，其中绿盘鲍单只重量超250克，成为鲍鱼中的精品鲍，产量提高2倍，产值提高3倍，有力推动了我国鲍鱼产业提质增效和转型升级，增产增收效果十分显著。项目荣获2020年度中国农业农村重大科技新成果十大农业新产品称号，并获得2020年度福建省科技进步奖一等奖。

四、番鸭细小病毒病、小鹅瘟二联活疫苗和鸭传染性浆膜炎二价疫苗研制

番鸭细小病毒病和番鸭小鹅瘟均是严重危害我国番鸭养殖业的新发病毒性传染病。福建省农业科学院畜牧兽医研究所承担的“番鸭细小病毒病、小鹅瘟二联活疫苗”项目，历经10多年科研攻关，获农业农村部颁发的国家一类新兽药证书。两种疫苗具有安全性好、免疫原性强、免疫持续期长，疫苗质量稳定、保存期长等优点。雏番鸭出壳后一次免疫即可同时有效预防两种新疫病，雏番鸭免疫

后成活率提高到96%以上，不仅节省人力物力成本，也减少了因多次免疫注射对雏番鸭造成的不良应激，深受番鸭养殖企业的欢迎。二联活疫苗的研制成功和推广应用，为全球水禽细小病毒病的有效防控和净化、番鸭养殖业健康可持续发展提供了关键技术支撑和物质保障，也将产生显著的经济、社会和生态效益。鸭传染性浆膜炎也是严重制约我国养鸭业发展的重要疫病，其防治缺乏疫苗，依赖抗菌药物，但使用药物导致产生耐药性、环境污染和药物残留等问题，福建省农业科学院畜牧兽医研究所历经 24 年科技攻关，创制了具有自主知识产权的鸭传染性浆膜炎二价灭活油乳剂疫苗，获国家新兽药注册证书，集成创建的技术体系以 700 万元转让给 4 家疫苗生产企业，实现了疫苗的产业化，为福建省获得的第二个、单个转让额度最大的兽用疫苗。两个项目分别获得 2018 年度和 2017 年度福建省科技进步奖一等奖。

五、杉木速生优质高产新品种定向选育研究与应用

福建省林业科学研究院和福建洋口国有林场等单位承担的“杉木速生优质高产新品种定向选育研究与应用”项目，开展了系统研究和合作攻关，建立了国家级杉木种质资源异地保存库，构建了多世代育种核心种质群体，建立了第三代良种生产群体，选育出一批速生优质高产新品种，其中生长与材性综合表现优良家系 8 个、杂交组合 5 个，构建了由 493 个优良基因型组成的杉木第四代育种群体，项目获得 2016 年度福建省科技进步奖一等奖。杉木优良无性系“洋 020”“洋 061”于 2019 年被认定为“国家级林木良种”。北有“塞罕坝精神”，南有“洋林精神”，福建省洋口国有林场杉木育种科研团队 60 多年如一日，一棵杉木做到底，展现“坚守初心、赤诚奉献、久久为功、科研报国”的“洋林精神”，在杉木良种研究方面取得丰硕成果，荣获首批“国家重点林木良种基地”、全国唯一的“国家杉木种质资源库”和福建省唯一的“国家长期科研基地”等称号，“十三五”期间推广良种造林 160 万亩，预计产生遗传增益价值 80 亿元；福建 1 600万亩人工杉木林，八成来自洋口林场培育的良种。几十年来洋口林场累计推广杉木造林 3 000多万亩，由遗传增益产生的经济价值累计可达千亿元，为全国杉木扩量提质作出巨大贡献，被福建省委宣传部授予“八闽楷模”荣誉称号，入选国家林业和草原局“践行习近平生态文明思想 12 个先进事迹”之一。

六、特色兰科植物保育与种质创新及产业化关键技术

福建农林大学承担的“特色兰科植物保育与种质创新及产业化关键技术”项目，率先突破了兰花基因沉默技术瓶颈，解析了花色、花香调控关键基因，为兰花的功能基因验证和分子设计定向育种提供手段；率先攻克兜兰组织克隆世界性难题，把兜兰体细胞克隆变成现实，有力推动兜兰规模化和规范化生产。该项目建成了全国最大的兰科种质资源库，解析了花色、花香调控关键基因，建立了转化体系，创新了育种手段，使兰花育种周期缩短一半以上，创建了高效繁育技术体系，培育兰科新品种 82 个，有效破解兰花保育和产业化发展中的重大技术瓶颈，推动我国兰花保育和产业化研究进入国际先进行列，大幅提升我国兰花产业的国际竞争力，项目荣获 2019 年度国家科技进步奖二等奖。该校承担的“蝴蝶兰品种创新关键技术与产业化”项目，创新育种体系，创制香花种质，培育具自主知识产权的蝴蝶兰新品种 30 个，培育出香花新种质 11 个，项目获得 2020 年度福建省科技进步奖一等奖。

七、小菜蛾基因组研究及其减药增效防治

小菜蛾是全球公认的十字花科植物杀手，在世界上 84 个国家和地区活动，是分布最广泛的世界性害虫。福建农林大学完成的“小菜蛾基因组的研究”项目，克服了小菜蛾基因组高度杂合的特点，成功破译小菜蛾基因组，揭示了其广泛适应性的遗传学基础以及解毒寄主植物化学防御物质和化学农药的分子机理，为复杂基因组的研究提供了重要借鉴，拓宽了昆虫的植食性和抗药性的研究思路，为小菜蛾的有效防治和可持续控制奠定了重要理论基础。福建省农业科学院植物保护研究所完成的“小菜蛾抗药性适合度代价及药剂减量增效技术研究与应用”项目，针对小菜蛾抗药性强及农药过量使用等突出问题，经过 10 多年系统研究和协作攻关，在揭示小菜蛾抗药性引发适合度代价（劣势）基础上，针对性地研发了小菜蛾防控药剂减量增效关键技术，创制了适应不同系统的防控药剂减量增效综合技术模式，产生了显著的效益。两个项目分别获得 2018 年度福建省自然科学奖一等奖和科技进步奖一等奖。

八、再生稻高产高效、清洁生产关键技术创新与应用

再生稻种植是一种资源节约型、生态环保高效型的稻作制度，具有增产增效、生育期短、米质优、省种、省工、节水等优点，对适应农业结构调整、增加粮食产量、提高农民收入和保障我国粮食安全具有重要意义。福建省农业科学院水稻研究所承担的“再生稻高产高效生产关键技术创新与应用”，围绕强再生力水稻新品种筛选、选育及高效生产问题开展研究，通过构建水稻再生力评价体系，筛选和选育高产、抗逆、优质、广适及强再生力水稻新品种并成功在生产上推广应用。系统研究了再生稻腋芽发育、根系形成和幼穗分化的规律，建立相应叶龄模式和综合诊断指标，首次构建了以前出叶长度和叶龄作为诊断幼穗1～5期发育进程指标和顶二叶枕距、穗枕距、颖花长和顶二节间长作为诊断幼穗6～8期发育进程指标。创建了以“双调双控”为核心的再生稻高效生产关键技术体系、省工节本的再生稻机械化生产技术体系，研创了控肥和控倒伏技术，平衡施肥较前重后轻施肥增产13.7%，实现了再生稻生产的高产、节本、增效和环境友好。成果于2006—2018年在全国累计推广2 067万亩；2016—2018年在福建、湖南、湖北、广西、云南、江西、四川、重庆8个省（区、市）累计推广795.5万亩，新增经济效益5.03亿元。福建农林大学承担的“再生稻高产高效清洁生产关键技术与应用”项目，创建全程机械化再生稻“三保两促一攻”高产高效栽培技术体系，解决了人工收割成本高、机收碾压减产严重和再生季腋芽萌发率、产量低问题，提出了以“选准品种、保根促发和减轻碾压”为核心的全程机械化再生稻高产高效主攻途径，研制了再生稻机收专用收割机及配套降低碾压减产的烤搁田技术、收割机行走方式，解决了机收压桩率高、减产严重的难题，集成构建了全程机械化再生稻“三保两促一攻”高产高效栽培技术体系，创造了百亩示范片全程机械化再生稻头季亩产621.10公斤，再生季亩产404.55公斤，年亩产“吨粮田”的产量水平。两个项目分别获得2017年度、2019年度福建省科技进步奖一等奖。

九、猪场粪污微生物异位发酵综合技术

福建省畜牧兽医总站承担的“猪场粪污微生物异位发酵综合技术”项目，把微

生物好氧堆肥发酵原理应用于处理猪场粪污，应用猪场可一次性无害化处理固液态粪污，并将其充分发酵后全部转化为固态的有机肥原料，技术工艺独特，处理效果好，形成从源头减量到过程控制的标准化、信息化和简便化的技术操作规程，实现猪场粪污资源化利用。该技术模式于2017年5月列入国务院办公厅《关于加快推进畜禽养殖废弃物资源化利用的意见》七种经济实用技术模式之一。鉴于我国南方水网区域面积广、环境承载力差，生猪养殖粪污资源化利用难度较大和治理运行成本高等实际，2017年年末农业农村部将福建省推荐的《异位发酵床处理猪场粪污综合技术》确定列入2018年十大重大引领性农业技术集成示范项目，在福建乃至我国南方丘陵山地地区推广应用“猪场粪污微生物异位发酵综合技术”，对践行“绿水青山就是金山银山”绿色发展理念、促进农牧循环可持续发展、增强科技对质量兴农绿色兴农的支撑引领作用，均具有重大意义。项目荣获2016—2018年度全国农牧渔业丰收奖一等奖。

十、特色农产品精深加工关键技术与产业化

福建农林大学食品学院承担的“金柑加工及综合利用关键技术的创新与产业化”项目，以新鲜金柑果为原料，突破传统盐胚工艺，集成真空渗糖和微波真空干燥技术生产低糖、原味金柑果脯，形成一套系统的金柑果汁加工技术体系，采用新工艺开发金柑果酒、果醋、金柑多糖、柠檬苦素化合物、果皮精油、籽油和膳食纤维等，建立了系列有效功能成分快速检测技术。“莲子精深加工关键技术的创新与应用”项目，创建了莲子淀粉复合物改性技术体系，构建了莲子食品的工程化开发体系，攻克了莲子产品品质劣化的技术难题，集成创新了一系列莲子加工关键技术，开发出一系列莲子深加工产品，实现产业化应用。“魔芋精深加工关键技术研究与产业化”项目，系统开展了魔芋粉品质特性、魔芋食品理论与开发研究，集成创新了一系列魔芋精深加工关键技术，实现魔芋产业的升级。3个项目分别获得2016年度、2017年度和2018年度福建省科技进步奖一等奖。

第十一章 问题与建议

一、“十三五”福建特色农业科技发展的短板与问题

“十三五”期间，福建农业科技创新工作取得了较大的进展和成绩，在杂交水稻、白羽肉鸡、特色水产品、特色经济作物和动植物疫病防控等方面的研究走在全国前列，有力地推动了全省农业农村经济社会发展。但从总体上看，农业科技创新发展水平还不能有效满足特色现代农业高质量发展的战略需求。“十三五”末福建农业科技进步贡献率虽然高于全国平均水平 1.3 个百分点，但与上海、北京、江苏、广东、浙江等国内发达省（市）相比，仍有较大差距。

（一）农业科技研发投入不足，投入结构不合理

据统计，2020 年福建省研究与试验发展（R&D）经费 842.4 亿元，占 GDP 比重 1.91%，低于 2.41%的全国平均水平，更远低于发达国家和地区 2.5%～4.0%的投入强度（我国台湾地区为 3.36%）。在有限的科技投入中，农业科研投入比例更小。农业科研周期长、见效慢、社会公益性强，科技研发经费主要靠政府公共财政投入。“十三五”期间省级财政对农业科技的投入虽有持续增加，但大都投入普惠性、针对性、贴补性的科技支出，对农业科技研发的投入仍然较少。在省科技计划项目经费方面，据不完全统计，“十三五”期间福建省科技管理部门在农业科技领域共投入科技计划项目经费约 5.4 亿元，仅占同期省科技计划项目经费的 16%左右。农业科研投入结构不够合理，产后的贮藏加工科技投入太少，企业获取政府投入的科研项目经费也较少，统计资料显示，2016—2019 年，福建省规模以上食品工业企业获得政府资助的科研经费呈逐年减少趋势。

（二）企业创新主体偏小，研发力量不足

作为市场创新主体的大多数农业企业规模小、实力弱，社会资本投入技术研发的动力不足，“重生产轻科研、重当前轻长远”，企业创新引领能力弱。根据调查，“十三五”期间福建尚未有产值超 10 亿元的农业高新技术企业；2017 年、2018 年、2019 年，全省农业高新技术企业数分别为 104 家、98 家、120 家，分别占当年全省

高新技术企业数的7.41%、2.6%和2.5%，近几年全省工业高新技术企业数持续增长，而农业高新技术企业数却逐年下降；相应年度农业高新技术研发总投入分别为5.47亿元、0.81亿元和6.86亿元，仅分别占当年全省高新技术研发投入的3.79%、0.83%和1.59%。近年来，全省上下普遍重视发展新兴战略性产业和高新技术制造业的科技支撑，对传统优势产业如食用农产品加工业的科技支撑重视不够。统计显示，“十三五”期间福建省规模以上食品工业企业总产值位居全国第五位，但企业用于研发投入的比例低于全国平均水平。

（三）农业科技创新能力总体不强

在基础研究和原始创新方面，农业科技领域的基础研究和原始创新仍处于个别领跑、多数并行跟跑的爬坡阶段[47]，农业科技创新源头供给不足，精确鉴定基因性状功能、发现优良等位基因和创制相关育种材料的研究不足，针对制约福建特色优势产业转型升级的重大瓶颈问题的原始创新成果储备不足。

在种业创新方面，跟踪式、模仿式研究较多，拥有自主知识产权、能支撑引领现代种业高质量发展的种业创新成果少。育种大多处在以杂交选育为主的2.0时代和部分分子技术辅助选育的3.0时代，适合机械化生产和轻简栽培的高产优质水稻品种选育有待加强，设施栽培的大宗茄果类高端蔬菜、食用菌工厂化生产若干种类、鲜切花和观叶植物等品种主要靠引进，畜禽品种创新能力滞后，90%生猪品种是国外的，除圣农育种场的白羽肉鸡外，其他畜禽新品种培育尚未实现零的突破。

在种质资源保护利用方面，面临着资金扶持缺乏、科技支撑不足、基础设施落后、保护机制不畅等突出问题。福州黑猪、平潭黑猪等品种已经灭绝，福安花猪、官庄花猪等品种濒危，上杭槐猪生产规模逐步下降，闽清毛脚鸡、连城白鸭、莆田黑猪等地方家畜禽品种保护与开发利用还有待加强，现有动植物种质资源状况、濒危程度等情况还不完全清楚。一些企业、高校和科研院所自有的种质资源缺少信息共享，相当部分还分散在科研人员手中，难以建立起种质资源交换流动、共享开发的广泛协作机制。

在装备设施方面，适合南方丘陵山地的农业装备研发能力不足，特别是适应农机农艺结合、良种良法配套的农业机械、数字农业集成设施装备研发滞后，存在着“无机可用”“有机难用”的问题，如山地果园专用挖沟机、施肥机、运输机、采果机等十分缺乏。

在食用农产品加工方面，福建农产品大都以初加工产品为主，农产品采收、分等分级、商品化处理等设施设备不足，冷链物流体系不健全，保鲜储存和精深加工技术发展滞后，在特色农产品精深加工关键技术研究及产业化应用方面，尚未实现重大创新，近几年江苏、浙江、广东、安徽等东部省份都获得为数不少的农产品加工领域国家科技进步奖，而福建省近年未实现零的突破，因此亟须加大科技支撑，开发适应市场需求的福建特色果蔬、食用菌、水产、林产等精深加工系列产品，提高农产品的附加值。

在绿色发展方面，农村资源保护和生态环境修复、农业生产废弃物循环利用、水资源保护与综合利用、水产养殖尾水处理等关键技术创新方面还存在许多短板；农药化肥“双减”虽成效显著，但施用强度仍居高不下；森林生态系统不够稳定，松材线虫病防控形势严峻，木麻黄等沿海防护林退化严重；国家公园、湿地等自然保护地系统研究较为薄弱。

（四）农业科技人才数量少，高层次人才不足

农业周期长、待遇低，造成农业科技人才的载体相对薄弱，很难吸引到高素质人才。如目前福建省仅有 87 所普通高等院校，其中教育部直属的“985”“211”工程大学仅有厦门大学一所，福建省属“211”工程大学仅有福州大学一所，农业科研机构和高等院校和一流学科更少，省属农业类科研院所仅 19 家，很难发挥领军人才的“集聚效应”与“综合效应”，严重削弱了福建省对农业科技创新与创业领军人才的吸纳、培养和发展能力[48]。以福建省农业科学院为例，全院具有博士学位人数 154 人，占科技人员总数的 19.0%，与华东其他五省一市农科院 30%～50%的博士比例有较大的差距。高层次人才不足已成为福建省农业科技全方位高质量发展的重要制约因素。

未来生物与信息技术融合发展的趋势将更加明显，在育种 4.0 时代、智慧农业时代更需要多学科的复合型人才，目前尤其缺乏既懂生物育种又懂信息技术、既懂作物栽培又懂工程技术、既懂软件编程又懂农业科技的复合型人才[49]。

基层农技推广人才方面，人员发展受限，职称评聘“两难”，工资收入低，一些乡镇农技推广站所近 10 年来没有补充农技人员，人才流失和年龄老化问题较为严重，一些乡镇农技人员长期抽调从事中心工作，存在“在编不在岗、在岗不在位”现象。

（五）体制机制不活，管理模式单一

一是产业导向的科研组织管理模式尚未完善，制约了科技与经济紧密结合。农业科研产业导向、问题导向坚持不够，科研项目指南编写、组织实施、验收评价都由同一圈专家完成，缺少农业企业创新主体的参与介入，没能充分体现农业产业部门的重大需求，导致不少科研项目的立项与生产脱节，生产技术难题列入科研课题较少，相当部分科研成果低水平重复，应用价值不高，科研成果有效供给不足，对产业发展支撑不足。二是农业科研与推广相互分割制约了农业科技成果快速转化。长期以来，农业科研和推广分段运行、各成体系，一方面农业科研项目少有推广和用户单位参与，另一方面科技成果中试、熟化、转化经费严重不足，加大了科技成果转化的技术风险和不确定性，成为整个创新链条上的突出短板[50-51]。许多研究成果由于缺少组装配套或中间试验不足等原因，只能停留在实验室、试验田或论文里，在生产上难以发挥突破性作用，无法有效转化为现实生产力。三是高校和科研单位都不同程度存在科研管理泛行政化问题。现有的农业科研管理制度还有许多地方需要进一步优化，科技决策存在“领导拍脑袋，专家看眼色”的问题，简单套用行政预算和财务管理办法去管理科技资源问题，繁文缛节的填表、答辩、评审、会议，不但影响了科研人员的潜心研究，而且易产生急功近利的心态。四是农业科技创新激励机制不完善，基础研究、应用研究、科技推广与科研支撑人员分类评价的机制未有效建立和完善。

（六）联合攻关意识不足，协同创新能力不强

农业科技创新链条长、关联学科多、涉及主体多、受时间空间影响大，需要多方协作、各环节配套、各地方联合来系统组织推进。但协同创新机制不完善制约了集中力量办大事的能力。产学研推协同创新明显滞后，跨部门、跨单位、跨学科的科技资源整合有待加强。中央、省、地三级农业科研机构之间，以及高校与科研机构之间分工不是很清晰，科研资金被分散到众多研究主体，在项目竞争压力下，相互之间的合作貌合神离，信息交流、资源共享不充分，造成科研资源的巨大浪费。高校和科研院所以职称身份为导向的研究，与企业以市场效益为导向的科技创新之间存在较大偏差，导致高校和科研院所的成果能直接应用于企业的不多，但科研院

所和高校对学科问题系统性研究的积淀往往也是企业短期技术突破不可或缺的，所以企业迫切希望与科研院所和高校合作，但合作效果却不好。

农业科技创新平台也存在明显短板。一是农业公共服务能力不强，开放共享功能弱。平台多为单一主体建设，对社会开放度不够，产学研联合共建的综合性平台少，对农业行业和农业企业支撑服务的辐射面偏窄。二是平台种类多，重点不突出。平台量多面广，规模偏小，经费投入分散，重点不突出，特色不明显，整合集成能力低，未能形成对福建省农业产业或农业科研领域发展起重大推动和支撑作用，缺少在国内有影响力的综合性大科学装置大平台，以支撑农业基础科学前沿研究和多学科交叉前沿研究。

二、加快推进福建特色农业科技创新的建议

（一）健全农业科技投入保障机制，加大农业科技研发投入

一是提高财政投入比例。立足农业科技创新公益性、稳定性、长期性的特点，加快构建农业科技投入稳定增长的长效机制，大幅度、多渠道增加对农业科技创新研发的财政资金投入，投入增长幅度要高于 GDP 增长幅度。二是聚焦投入重点。提高基础研究经费占比，围绕区域农业产业发展战略需求，重点加强对前沿基础性研究和种业科技创新等"卡脖子"关键领域核心技术攻关的支持力度，进一步加大农业种质资源保护鉴评、现代生物育种、农业智慧化、农产品精深高值加工、动植物疫病防控、生态循环农业、农产品质量安全、农机农艺融合等重点领域研发专项资金投入。三是拓展投入渠道。支持鼓励农业院校、科研院所、农业企业、农技推广机构、农民合作社等新型农业经营主体，合作开展农业科技成果转化与推广应用。采取财政奖补、税收优惠等政策措施，鼓励企业加大农业科技创新的资金投入。积极推动科技与金融结合，支持发展农业科技创新引导基金，鼓励银行、证券、保险及风险投资、慈善捐赠等各类社会资本、民间资本投入农业科技创新与推广活动[52]。充分发挥财政资金"四两拨千斤"的作用，给农业科技创新和高新技术产业化项目提供贷款贴息，建立完善农业科技开发信贷担保机制和农业科技创新和产业化风险补偿机制。

（二）加强规划决策科学性与实操性，完善农业科技创新的政策体系

全产业链、新业态农业技术体系是未来农业高质量发展的核心，以5G、人工智能、物联网、大数据、区块链等为代表的新一代信息技术和基因编辑、分子设计育种等现代生物技术的快速应用，将助推农业产业变革深入发展、跨越发展。因此加强规划的前瞻性、科学性和实操性是未来农业科技推进产业提质增效的前提。科学编制农业科技中长期发展规划，加强顶层设计，全面布局，建立农业科技工作协调推进机制，研究解决规划实施过程中的重大问题。建立农业科技咨询支撑行政决策的科技决策机制，加强科技决策咨询系统，建设高水平科技智库。科技管理部门要明确做好规划的统筹协调工作，负责规划实施和政策落实；并做好指导和服务工作，及时总结、带头推广先进经验和做法。加强科技规划政策与财税、金融、贸易、投资、产业、教育、知识产权、社会保障、社会治理等相关规划政策的协同，形成目标一致、部门协作配合的农业科技创新合力，提高规划的系统性、可操作性。

完善科技创新的政策法规体系，确立科技政策作为省公共政策的基础地位，形成科技政策与经济政策协调互动的政策体系。加强政府宏观调控和协调，发挥省、市、县科技管理部门的组织管理作用，促进农业科技创新体系的有效运行。充分发挥各级科教领导小组的作用，建立健全农业科学决策机制和程序，建立部门、地方之间统筹配置农业科技资源的协调机制。发挥农业科技政策咨询委员会和农业科技智库的作用，提高农业科技创新政策的科学性和前瞻性。

（三）加快创新平台建设，统筹科技力量和创新资源，推进协同创新

一是构建省部（院）合作平台。加强福建省农业科学院与中国农业科学院开展科技创新工程战略合作，探索实践“国家队”与地方科研院所协作攻关的新模式、新路径。围绕福建重点特色农产品，争取推动一批国内外农业科研机构和先进科技成果在福建落地、转化。二是整合和构建一批重点实验室、技术创新中心，进一步优化福建省重点实验室和工程技术研究中心的学科、产业和区域布局，提升农业科技研发创新平台的持续创新能力。三是构建产业对接平台，加大现代农业产业技术体系和农业科技创新联盟建设支持力度，推动各级各类农业科技人才、技术和优势

资源深度融合，优先支持联盟内部跨单位、跨学科组建的科研团队，推动实现学科融合、资源融合和地域融合，在现代育种、粮食安全、食品安全、生态环保、数字农业、设施农业、疫病防控、资源化利用等领域加强联合攻关，突破一批共性关键技术，共同解决区域性农业发展重大科技问题，破解制约现代农业发展的难点、堵点和痛点问题。四是加强农业高校和省属农业科研院所与农业龙头企业共建“农业产业研究院”，定期收集各类农业新型经营主体的技术需求信息，引导各类农业科研主体有方向性、有目的性开展技术研发，实现农业科技供需精准对接。五是建立健全区域性和全链条协作的激励机制，充分调动联盟成员单位协同创新的积极性，在鼓励协同创新的同时，探索建立联合承担项目的成果共享机制，合理评估参与单位和人员在协同创新中的实际贡献，走出“唯主持、唯第一”的协同创新误区，减轻项目牵头单位压力，调动全体成员单位参与协同创新的积极性[53]。六是构建闽台融合农业科技创新平台。充分发挥“海峡两岸联合基金”项目、闽台农业合作推广示范县、闽台农业融合发展产业园、闽台农业融合发展示范基地的作用，围绕闽台现代种业、特色农机、精致果蔬、农产品加工、休闲观光等产业发展，抓好照灯产期调节、无病毒嫁接、柑橘开心修剪、果树套袋、有机茶园建设、小型现代农机具等关键技术的引进、吸收和再创新，加快现代特色产业提质增效。

（四）强化创新人才培育，弘扬创新精神

加强基础学科建设，鼓励具备条件的涉农高校积极设置农业基础研究、交叉学科相关学科专业，加强农业基础学科本科生培养，推行农业基础学科本硕博连读培养模式。加强创新团队建设，强化农业领军人才、核心技术研发人才培养和创新团队建设，形成科研人才和科研辅助人才衔接有序、梯队配备的合理结构，提高自主创新能力。加强创新人才引进，加大“海纳百川”高端人才聚集计划中农业科技领域的人才比重，农业科研单位和农业龙头企业依托省引才“百人计划”和“八闽英才”培育工程，以产引才、以才促产，鼓励各类创新平台面向海内外引进前沿一流农业科学家、学科领军人才和科研创新团队。打造专业化服务农业企业的队伍，引导成果转化平台和“双创载体”注重培养专业化综合型人才，为农业企业研发、成果转化、市场开发、投融资对接等提供全方位、多元化的一站式服务，促进创新链和产业链精准对接。强化科学精神和创造性思维，弘扬学术道德和科研伦理，在全社会营造鼓励创新、宽容失败的氛围。同时，建立相应的制度，让领衔科技专家

有职有权，有更大的技术路线决策权、更大的经费支配权、更大的资源调动权。

（五）强化质量效用导向，创新转变科研管理服务模式

进一步完善科研立项制度。加强统筹协调，改进农业科研立项制度，建立科技部门、农业农村部门、农业高校、科研院所以及新型经营主体共同参与的咨询评价制度，促进农业科研立项与生产需求无缝接轨，提高农业科研立项的科学性、实效性。建立与国家科技计划项目相衔接的院级重大项目储备库，为国家级重大项目的申报奠定基础。加强对重大项目的选题设计，瞄准现代农业最急需、农业科技最前沿，遴选一批具有引领性、带动性的重大技术选题。

进一步改进薪酬管理制度。推进农业科研单位改革，扩大科研单位在编制管理、人员聘用、职称评定、绩效工资分配等方面的自主权，改善公益性农业科研院所待遇。建立符合创新规律、职能定位清晰的治理结构，实行以增加知识价值为导向的分配政策，包括提高科研人员成果转化收益分享比例，探索对创新人才实行股权、期权、分红等激励措施，让科研人员名利双收。针对从事基础、前沿、应用研究、成果转化和科技支撑等不同学科和岗位的科技人员，建立以科技创新质量、贡献、绩效为导向的分类评价体系，正确评价科技创新成果的科学价值、技术价值、经济价值、社会价值、文化价值，充分调动科技人员工作积极性。有效破解科技成果评价中的“唯论文、唯职称、唯学历、唯奖项”问题。全面纠正科技成果评价中单纯重数量指标、轻质量贡献等不良倾向，鼓励广大科技工作者把论文写在祖国大地上。

进一步完善农技推广服务机制。明确农技推广公益性定位，理顺县乡双重管理体制，科学设定工作职责，落实基层农技人员管理、聘用、责任、考评、培训以及推广“六项制度”，大力实施农技推广人员能力提升计划，充实加强县乡农技推广队伍力量。深化新时代科技特派员制度，坚持双向选择、按需选认、精准对接，带动万名以上省、市、县三级科技特派员在基层开展创业和技术服务。制定明确规范的利益分配办法，鼓励科技特派员携技术、项目、资金到农村领办创办经济实体，以科技成果和知识产权入股、资金入股、技术服务和租赁经营等多种形式，与服务对象结成风险共担、收益共享的利益共同体，推动更多科技人员下乡创业。

参考文献

[1] 福建省人民政府. 福建省人民政府关于印发福建省“十四五”推进农业农村现代化实施方案的通知 [EB/OL]. (2022-07). https://www.fujian.gov.cn/zwgk/zfxxgk/szfwj/szfgz/202207/t20220704_5943828.htm.

[2] 农业农村部发展规划司. 农业现代化辉煌五年——“十三五”农业现代化发展报告 [M]. 北京：中国农业出版社，2021.

[3] 福建省农业农村厅. 福建省农业科技创新的现状、问题与建议 [R].

[4] 蔡茂楷. 科技创新催动福建现代农业十年迅跑 [N]. 农民日报，2022-09-13 (007).

[5] 余文权. 福建省农作物种质资源普查、收集与利用报告 [M]. 北京：中国农业出版社，2020.

[6] 张海峰，翁志辉. 福建省农业科学院农业种质资源保护利用的现状与建议 [J]. 福建农业科技，2021，52 (12)：92-97.

[7] 邓婕. “厦门种子”：四海共享　五味担当 [N]. 福建日报，2021-01-14.

[8] 程文舟. 科技创新助推福建林业高质量发展 [J]. 福建林业，2021 (2)：7-9.

[9] 中国机械工业年鉴编辑委员会，中国农业机械工业协会. 中国农业机械工业年鉴 2020 [M]. 北京：机械工业出版社，2021.

[10] 中国机械工业年鉴编辑委员会，中国农业机械工业协会. 中国农业机械工业年鉴 2019 [M]. 北京：机械工业出版社，2020.

[11] 中国机械工业年鉴编辑委员会，中国农业机械工业协会. 中国农业机械工业年鉴 2018 [M]. 北京：机械工业出版社，2019.

[12] 中国机械工业年鉴编辑委员会，中国农业机械工业协会. 中国农业机械工业年鉴 2017 [M]. 北京：机械工业出版社，2018.

[13] 黄宏源. 加快福建省农业机械化发展的对策 [J]. 南方农机，2016，47 (2)：26-27，29.

[14] 颜旭. 福建推动适用机具补贴全覆盖 [J]. 中国农机监理，2021 (1)：31.

[15] 福建省人民政府. 福建省人民政府关于加快推进农业机械化和农机装备产业转型升级的实施意见（摘选）[J]. 福建农机，2019 (2)：50-52.

[16] 熊征，刘霓红，蒋先平，等. 福建省温室园艺设施与装备发展现状及思考 [J]. 农业工程技术，2020，40 (7)：26-31.

[17] 厦门市人民政府. 厦门市人民政府关于加快农业优势特色产业发展的意见［J］. 厦门市人民政府公报，2018（16）：4-9.

[18] 福建省人民政府. 福建省人民政府关于加快农业七大优势特色产业发展的意见［J］. 福建省人民政府公报，2017（26）：2-10.

[19] 蔡衍山，肖淑霞，陈德好，等. 福建省食用菌产业发展规划（2004—2010年）［J］. 中国食用菌，2005（3）：3-6.

[20] 徐磊. 福建设施农业温室大棚适用棚型集成推广［J］. 中国蔬菜，2021（10）：122-127.

[21] 熊瑞权，叶蔚歆. 我国设施农业典型省份发展经验及对广东的启示［J］. 现代园艺，2021，44（11）：58-60.

[22] 李道亮. 中国农业农村信息化报告（2020）［M］. 北京：机械工业出版社，2021.

[23] 福建省人民政府办公厅. 福建省人民政府办公厅关于加快推进数字农业发展七条措施的通知［J］. 福建省人民政府公报，2018（5）：46-48.

[24] 北京大学新农村发展研究院数字乡村项目组. 县域数字乡村指数（2020）［R/OL］.（2022-05）. http://www.ccap.pku.edu.cn/nrdi/docs/2022-05/20220530144658673576.pdf.

[25] 徐晟. 物联网技术在河源市农业技术推广中的应用研究［D］. 广州：仲恺农业工程学院，2019.

[26] 林仙平. 2020年福建食品工业闽商发展报告//苏文菁，徐德金. 闽商蓝皮书：闽商发展报告（2020）［M］. 北京：社会科学文献出版社，2020.

[27] 中国食品工业年鉴编辑委员会. 中国食品工业年鉴（2020）［M］. 吉林：吉林科学技术出版社，2021.

[28] 福建省统计局. 福建统计年鉴（2021）［M］. 北京：中国统计出版社，2021.

[29] 福建省人民政府办公厅. 福建省人民政府办公厅关于促进农产品加工业发展的实施意见［EB/OL］.（2018-05）. https://www.fujian.gov.cn/zwgk/zxwj/szfbgtwj/201803/t20180315_1477272.htm.

[30] 中共福建省委，福建省人民政府. 关于坚持农业农村优先发展做好"三农"工作的实施意见［EB/OL］.（2019-04）. http://nynct.fujian.gov.cn/ztzl/xdzy/xwxx/201904/t20190401_4842409.htm.

[31] 林朝曦. 大力建设高标准农田 福建推动农业高质量发展［N］. 中国产经新闻，2020-12-19.

[32] 张卫清，张世昌，沈金泉. 滴水穿石、久久为功，持续提升八闽耕地质量［J］. 中国农业综合开发，2020（11）：51-52.

[33] 邢世和，姚宝全，沈金泉，等. 福建耕地［M］. 北京：科学出版社，2022.

[34] 黄俊，郭亦斌，陈天长. 进则全胜谱新篇［N］. 闽西日报，2021-01-05.

[35] 国家统计局农村社会经济调查司. 中国农村统计年鉴 2020［M］. 北京：中国统计出版社，2021.

[36] 国家统计局农村社会经济调查司. 中国农村统计年鉴 2018［M］. 北京：中国统计出版社，2019.

[37] 福建省科学技术厅. 福建科技年鉴（2020）［M］. 福州：福建科学技术出版社，2022.

[38] 福建省科学技术厅. 福建科技年鉴（2019）［M］. 福州：福建科学技术出版社，2022.

[39] 福建省科学技术厅. 福建科技年鉴（2018）［M］. 福州：福建科学技术出版社，2021.

[40] 福建省科学技术厅. 福建科技年鉴（2017）［M］. 福州：福建科学技术出版社，2021.

[41] 福建省人民政府办公厅. 福建省人民政府办公厅关于印发福建省“十四五”特色现代农业发展专项规划的通知［J］. 福建省人民政府公报，2021（10）：55-104.

[42] 张卫清，谢特立. 福建省种业发展 40 年回顾与展望［J］. 中国种业，2019（2）：19-23.

[43] 彭海媛，杨志鹏，黄初升. 促进海峡两岸科技合作联合基金项目资助绩效分析与对策研究［J］. 中国科学基金，2019，33（1）：71-78.

[44] 蔡茂楷. 闽台农业交流合作硕果累累［N］. 农民日报，2021-05-20.

[45] 刘深魁. 闽台农业融合发展再上新台阶［N］. 福建日报，2021-01-14.

[46] 中共福建省委，福建省人民政府. 关于实现巩固拓展脱贫攻坚成果同乡村振兴有效衔接的实施意见［N］. 福建日报，2021-10-04.

[47] 福建省农业农村厅. 关于进一步明确我省农业科技创新主攻领域的调研

报告［R］.
［48］吴华刚. 科技创新创业领军人才集聚实证研究——以福建省为例［J］. 科技和产业，2017，17（10）：93-97.
［49］程郁，叶兴庆，宁夏，等. 中国实现种业科技自立自强面临的主要“卡点”与政策思路［J］. 中国农村经济，2022（8）：35-51.
［50］王思民. 加快农业科技创新的重点领域与政策思路［J］. 农业经济，2017（11）：3-4.
［51］李仕宝，孟洪，饶智宏. 农业供给侧结构性改革的科技需求分析与对策建议［J］. 江苏农业科学，2017，45（14）：312-314.
［52］孙文友，赵兴泉，朱勇军，等. 加快浙江农业科技创新体系建设的对策建议［J］. 浙江经济，2001（6）：21-23.
［53］刘钦，黄俊，还红华，等. 农业科研单位适应农业供给侧结构性改革的科研组织方式研究——以江苏省农业科学院为例［J］. 农业科技管理，2018，37（1）：29-32.

编后语

《“十三五”福建特色农业科技发展报告》是一本总结反映2016—2020年福建省特色农业科技发展成就的报告。在福建省农业科学院的领导和组织下，农业经济与科技信息研究所承担了《“十三五”福建特色农业科技发展报告》（以下简称《报告》）的编写工作。《报告》力求对“十三五”福建省特色农业科技的发展情况进行全方位、多角度的反映与分析，力求做到结构合理、重点突出、特色鲜明、客观翔实，力求为有关部门和社会各界全面了解福建特色农业科技发展现状，进行决策分析提供参考。本书的出版得到了福建省农业科学院科技项目（YDXM2019004、ZYTS202227）和福建省科技计划公益专项（2022R1033004）的资助。

在《报告》的编写过程中，福建省科技厅星火计划办公室主任林继扬研究员、福建省农业农村厅姚宝全推广研究员、福建社会科学院蔡雪雄研究员、福州大学软科学研究所张良强教授和福建农林大学经济与管理学院郑少红教授等专家提出了宝贵的意见与建议，谨此向他们致以衷心的感谢！

本书在编写过程中，参考了53篇文献，以及来源于农业农村部（http://www.moa.gov.cn）、福建省农业农村厅（http://nynct.fujian.gov.cn）、福建省科学技术厅（http://kjt.fujian.gov.cn）、福建省海洋与渔业局（http://hyyyj.fujian.gov.cn）、福建省林业局（http://lyj.fujian.gov.cn）、福建省农业科学院（http://www.faas.cn）、福建农林大学（http://www.fafu.edu.cn）、厦门大学（http://www.xmu.edu.cn）、集美大学（http://www.jmu.edu.cn）和自然资源部第三海洋研究所（http://www.tio.org.cn）等网站的相关内容，限于篇幅，

来源于网站的内容未在文中一一注明，特此说明。

农业科学研究是一项长期的工作，《报告》所涉及的是“十三五”（2016—2020年）福建农业科学研究的主要成就。对于具体的成果案例，比如选育的新品种，如果是在“十三五”期间通过审定（认定、登记），均列入《报告》；如果在“十三五”之前已通过审定的品种或鉴定的科技成果，而在“十三五”期间获奖，也予以列入。“十三五”期间，全省农业科研项目有1万多项，科技成果也有数千项。《报告》所涉及的科技成果项目内容介绍，原则上为获得省部级科学技术奖二等奖以上或获得国家科学技术奖者，或效益及影响力重大者。企业研发的科技成果（比如农产品加工领域的成果），企业自身转化推广应用，没有参与报奖，但经济效益显著，入选全省或全国的典型，也予以介绍。限于资料收集范围及截稿时间，难免存在遗漏之处，谨此说明，并希望在今后的报告编制中加以改进。

编著者

2022年9月